AF345255

GUIDE

DU SOLLICITEUR

ET

DU PLAIDEUR.

Se trouve à Bruxelles, chez Avransart, Gaste-
bois et Ce, *imprimeurs-libraires.*

Et à Genève, chez Barbezat et Delarue.

SOUS PRESSE.

TABLEAU DE LA GRÈCE EN 1825, d'après les relations
de M. James Emerson et de M. le comte Pecchio, traduit de
l'anglais par M. *Cohen.* Un vol. in-8°, orné du portrait de
l'amiral Andrea Miaoulis. Prix , 6 fr.

LE MÉCANICIEN ANGLAIS, ou Description raisonnée de
toutes les machines, mécaniques, découvertes, inventions et
perfectionnemens, appliqués en Angleterre aux manufactures
et aux arts industriels jusqu'à ce jour; par *Nicholson*, ingénieur civil; traduit de l'anglais sur la dernière édition
(mai 1825), par ***, ingénieur. Quatre vol. in-8°, avec cent
planches gravées de toutes les machines, mécaniques, etc.
Prix , 40 fr.

BIBLIOTHÈQUE PORTATIVE, ou Galerie historique de
tous les peuples anciens et modernes, par M. Jouy, comte
de Ségur, Villemain, de l'Académie française; Abel Remu-
sat, Saint-Martin, de l'Institut; Mazure, Jay, de Marchangy,
Am. Jaubert, Ch. Nodier, baron de Stassart, L. Thiessé,
Lallement, Chatelain, Bert, Rabbe, Depping, Marlès, etc.
Cinquante-deux vol. in-32, avec cartes et gravures, par
P. Tardieu. Dédiée à la jeunesse et aux gens du monde. —
La première livraison paraîtra le 15 février 1826; elle com-
prendra l'Histoire de la Colombie, par M. Lallement; et
l'Histoire des Juifs, par M. le comte de Ségur.

PARIS, IMPRIMERIE DE COSSON, RUE SAINT-GERMAIN-
DES-PRÉS, N° 9.

GUIDE

DU SOLLICITEUR

ET

DU PLAIDEUR,

Contenant un Exposé sommaire de l'organisation des maisons des Princes et Princesses de la famille royale; de celle des Ministres, Administrations publiques, Cours, Tribunaux, Chambres législatives, et autres grands Corps de l'État; les attributions assignées à chaque Autorité; les jours d'audiences du Roi et des Fonctionnaires publics; la désignation des divers Bureaux et les jours où le public y est admis; les jours d'audience des Tribunaux de Paris; le cérémonial à l'égard des personnes titrées; les Deuils de Cour; les Formules pour obtenir des audiences particulières; des modèles de tous Mémoires, Pétitions, Requêtes et autres Actes de même nature à présenter aux Autorités et Fonctionnaires civils, militaires, ecclésiastiques, etc., depuis le Roi jusqu'au simple Maire de village; avec des Instructions très-détaillées sur la forme, le style, la rédaction, la remise de ces écrits, et des Notes toutes les fois que le sujet l'exige;

PAR UN AVOCAT.

PARIS,

ALEXIS EYMERY, LIBRAIRE,

RUE MAZARINE, Nº 30.

1826.

AVANT-PROPOS.

Il importe essentiellement à toute personne obligée d'user du droit de pétition, de connaître parfaitement l'étendue et les bornes de ce droit, ainsi que les formes à observer, et la marche à suivre pour parvenir à un résultat : nous pensons que sous ces divers rapports on trouvera dans cet ouvrage un guide aussi sûr que fidèle.

Le droit de présenter pétition à toute autorité constituée, pour en obtenir justice, grâce ou faveur, est tellement naturel en lui-même qu'il ne peut être contesté à personne, sous aucun gouvernement.

Mais la faculté accordée par nos lois à tout individu jouissant de ses droits civils, de présenter pétition à l'une des trois branches du pouvoir constitution-nel, pour lui dénoncer les infractions commises par ses agens, quel que soit le rang du coupable ; cette faculté, disons-nous, qui constitue le droit de pétition proprement dit, est un avan-tage précieux, et l'une des plus fortes garanties des intérêts consacrés par la Charte.

Pour conserver au droit de pétition toute sa force, il faut l'exercer libre-ment, sans crainte, et sans se laisser intimider par aucune fausse considé-ration. Mais d'un autre côté, il faut en user avec circonspection, sagement, et jamais mal à propos ; c'est-à-dire qu'il faut n'en user jamais sans un motif légitime, d'une importance proportionnée à l'élévation de l'autorité à qui l'on s'adresse ; enfin n'adresser à aucune autorité une pétition dont l'objet soit au-dessus ou en dehors de sa compétence.

On peut distinguer deux sortes de pétitions : les unes individuelles ou relatives à des intérêts particuliers ; les autres collectives ou signées par plusieurs personnes, et relatives à des intérêts généraux. Les premières sont les plus légitimes de toutes, parce que l'on ne peut interdire à qui que ce soit la faculté de défendre ses propres intérêts, en se renfermant dans les bornes fixées par les lois, et se conformant aux formalités prescrites par les convenances.

Les pétitions collectives peuvent émaner d'une collection d'individus réunis en corps régulièrement organisé; ou bien d'individus isolés, mais unis jusqu'à un certain point, par une communauté d'intérêts. Celles-ci ne sont au fait que des pétitions individuelles.

Dans le premier cas, les intérêts communs étant représentés par des chefs revêtus d'un caractère légal et reconnu, toute pétition collective serait illicite d'après nos lois, et ne pourrait devenir excusable que dans certaines circonstances particulières, telles par exemple que celle où le corps tout entier serait fondé à porter plainte contre ses représentans.

D'un autre côté, une liberté illimitée accordée au droit de pétition collec-

tive entraînerait une foule d'incon-
véniens , dont le moins grave sans
doute serait l'impossibilité de constater l'authenticité des signatures, et par
conséquent l'abus que l'on pourrait
faire de certains noms.

Ces considérations ont paru assez
puissantes aux législateurs pour les
porter à ne consacrer que le droit de
pétition individuelle : mais les pétitions collectives semblent jusqu'à un
certain point tolérées dans quelques
cas exceptionnels.

On s'est attaché dans cet ouvrage à y
réunir tous les documens nécessaires aux
pétitionnaires. On y trouvera la Charte,
la loi relative à l'indemnité des émigrés ;
des renseignemens concernant la famille royale de France ; l'organisation
des maisons du Roi et des Princes ;

les audiences, présentations et deuils
de cour; l'indication des administrations publiques et des jours d'entrée
dans leurs bureaux; des détails fort
étendus sur les diverses parties du cérémonial des pétitions; un grand nombre de formules et de modèles applicables à un grand nombre de circonstances.

Les personnes qui ont des affaires
à suivre en justice trouveront encore
dans ce recueil un aperçu de l'organisation judiciaire en France; les jours
d'audience des cours et tribunaux, etc.

La plupart des ouvrages de ce genre
ne sont que des compilations plus ou
moins informes, des formules ba-
nales et d'un style souvent trivial et
barbare. Celles que l'on a rassemblées
dans celui-ci ne se trouvent dans au-

cun autre; on a cherché surtout à appliquer à chacune d'elles le style convenable; et l'on n'a jamais négligé de les accompagner d'instructions particulières toutes les fois qu'on en a reconnu la nécessité.

GUIDE

DU SOLLICITEUR

ET

DU PLAIDEUR.

~~~~~~

CHAPITRE Ier.

CHARTE CONSTITUTIONNELLE.

Droit public des Français.

Art. PREMIER. Les Français sont égaux devant la loi, quels que soient d'ailleurs leurs titres et leurs rangs.

2. Ils contribuent indistinctement, dans la proportion de leur fortune, aux charges de l'état.

3. Ils sont tous également admissibles aux emplois civils et militaires.

4. Leur liberté individuelle est également garantie, personne ne pouvant être poursuivi ni
~~~~~~

arrêté que dans les cas prévus par la loi et dans la forme qu'elle prescrit.

5. Chacun professe sa religion avec une égale liberté , et obtient pour son culte la même protection.

6. Cependant, la religion catholique , apostolique et romaine , est la religion de l'état.

7. Les ministres de la religion catholique , apostolique et romaine, et ceux des autres cultes chrétiens, reçoivent seuls des traitemens du trésor royal.

8. Les Français ont le droit de faire publier et imprimer leurs opinions , en se conformant aux lois qui doivent réprimer les abus de cette liberté.

9. Toutes les propriétés sont inviolables, sans aucune exception de celles qu'on appelle nationales , la loi ne mettant aucune différence entre elles.

10. L'état peut exiger le sacrifice d'une propriété , pour cause d'intérêt public légalement constaté.

11. Toutes recherches des opinions et votes émis jusqu'à la restauration , sont interdites. Le même oubli est commandé aux tribunaux et aux citoyens.

12. La conscription est abolie. Le mode de recrutement de l'armée de terre et de mer est déterminé par une loi.

Formes du Gouvernement du Roi.

13. La personne du Roi est inviolable et sacrée; ses ministres sont responsables. Au Roi seul appartient la puissance exécutive.

14. Le Roi est le chef suprême de l'état, commande les forces de mer et de terre, déclare la guerre, fait les traités de paix, d'alliance et de commerce, nomme à tous les emplois d'administration publique, et fait les règlemens et ordonnances nécessaires pour l'exécution des lois et la sûreté de l'état.

15. La puissance législative s'exerce collectivement par le Roi, la chambre des pairs et la chambre des députés des départemens.

16. Le Roi propose la loi.

17. La proposition de la loi est portée, au gré du Roi, à la chambre des pairs ou à celle des députés, excepté la loi de l'impôt, qui doit être portée d'abord à la chambre des députés.

18. Toute loi doit être discutée et votée librement par la majorité de chacune des deux chambres.

19. Les chambres ont la faculté de supplier le Roi de proposer une loi sur quelque objet que ce soit, et d'indiquer ce qui leur paroît convenable que la loi contienne.

20. Cette demande pourra être faite par cha-

cune des deux chambres, mais après avoir été discutée en comité secret. Elle ne sera envoyée à l'autre chambre par celle qui l'aura proposée, qu'après un délai de dix jours.

21. Si la proposition est adoptée par l'autre chambre, elle sera mise sous les yeux du Roi ; si elle est rejetée, elle ne pourra être représentée dans la même session.

22. Le Roi seul sanctionne et promulgue les lois.

23. La liste civile est fixée, pour toute la durée du règne, par la première législature assemblée depuis l'avénement du Roi.

De la Chambre des Pairs.

24. La chambre des pairs est une portion essentielle de la puissance législative.

25. Elle est convoquée par le Roi en même temps que la chambre des députés des départemens. La session de l'une commence et finit en même temps que celle de l'autre.

26. Toute assemblée de la chambre des pairs qui serait tenue hors du temps de la session de la chambre des députés, qui ne serait pas ordonnée par le Roi, serait illicite et nulle de plein droit.

27. La nomination des pairs de France est faite par le Roi ; leur nombre est illimité ; il peut

en varier les dignités, les nommer à vie ou les rendre héréditaires, selon sa volonté.

28. Les pairs ont droit de siéger à la chambre à vingt-cinq ans, et voix délibérative à trente ans seulement.

29. La chambre des pairs est présidée par le chancelier de France, et, en son absence, par un pair nommé par le Roi.

30. Les membres de la famille royale et les princes du sang sont pairs par le droit de leur naissance. Ils prennent rang immédiatement après le président; mais ils n'ont voix délibérative qu'à vingt-cinq ans.

31. Les princes ne peuvent prendre séance à la chambre que de l'ordre du Roi, exprimé, pour chaque session, par un message, à peine de nullité de tout ce qui aurait été fait en leur présence.

32. Toutes les délibérations de la chambre des pairs sont secrètes.

33. La chambre des pairs connaît des crimes de haute trahison et des attentats à la sûreté de l'état, qui sont définis par la loi.

34. Aucun pair ne peut être arrêté que de l'autorité de la chambre, et jugé par elle en matière criminelle.

De la Chambre des Députés des départemens.

35. La chambre des députés sera composée

des députés élus par les colléges électoraux, dont l'organisation sera déterminée par les lois.

36. Chaque département aura le même nombre de députés qu'il a eu jusqu'à présent.

37. Les députés seront élus pour cinq ans, de manière que la chambre soit renouvelée chaque année par cinquième.

38. Aucun député ne peut être admis dans la chambre, s'il n'est âgé de quarante ans, et s'il ne paie une contribution directe de 1000 francs.

39. Si néanmoins il ne se trouvait pas dans le département cinquante personnages de l'âge indiqué, payant au moins 1000 francs de contributions directes, leur nombre serait complété par les plus imposés au-dessous de 1000 francs, et ceux-ci pourront être élus concurremment avec les premiers.

40. Les électeurs qui concourent à la nomination des députés ne peuvent avoir droit de suffrage s'ils ne paient une contribution directe de 300 francs, et s'ils ont moins de trente ans.

41. Les présidens des colléges électoraux seront nommés par le Roi, et de droit membres du collége.

42. La moitié au moins des députés sera choisie parmi des éligibles qui ont domicile politique dans le département.

43. Le président de la chambre des députés est nommé par le Roi, sur une liste de cinq membres présentée par la chambre.

44. Les séances de la chambre sont publiques ; mais la demande de cinq membres suffit pour qu'elle se forme en comité secret.

45. La chambre se partage en bureaux pour discuter les projets qui lui ont été présentés de la part du Roi.

46. Aucun amendement ne peut être fait à une loi, s'il n'a été proposé ou consenti par le Roi, et s'il n'a été renvoyé et discuté dans les bureaux.

47. La chambre des députés reçoit toutes les propositions d'impôt : ce n'est qu'après que ces propositions ont été admises, qu'elles peuvent être portées à la chambre des pairs.

48. Aucun impôt ne peut être établi ni perçu s'il n'a été consenti par les deux chambres, et sanctionné par le Roi.

49. L'impôt foncier n'est consenti que pour un an. Les impositions indirectes peuvent l'être pour plusieurs années.

50. Le Roi convoque, chaque année, les deux chambres ; il les proroge et peut dissoudre celle des députés des départemens ; mais, dans ce cas, il doit en convoquer une nouvelle dans le délai de trois mois.

51. Aucune contrainte par corps ne peut être

exercée contre un membre de la chambre durant la session , et dans les six semaines qui l'auront précédée ou suivie.

52. Aucun membre de la chambre ne peut , pendant la **durée des sessions**, être poursuivi ni arrêté en matière criminelle, sauf le cas de flagrant délit, qu'après que la chambre a permis sa poursuite.

53. Toute pétition à l'une ou à l'autre des chambres ne peut être faite et présentée que par écrit. La loi interdit d'en apporter en personne et à la barre.

Des Ministres.

54. Les ministres peuvent être membres de la chambre des pairs ou de la chambre des députés. Ils ont en outre leur entrée dans l'une et dans l'autre chambre, et ils doivent être entendus quand ils le demandent.

55. La chambre des députés a le droit d'accuser les ministres, de les traduire devant la chambre des pairs qui seule a le droit de les juger.

56. Ils ne peuvent être accusés que pour fait de trahison et de concussion. Des lois particulières spécifieront cette nature de délit, et en détermineront la poursuite.

De l'Ordre judiciaire.

57. Toute justice émane du Roi. Elle s'ad-

ministre en son nom par des juges qu'il nomme et qu'il institue.

58. Les juges nommés par le Roi sont inamovibles.

59. Les cours ou tribunaux ordinaires existans actuellement sont maintenus. Il n'y sera rien changé qu'en vertu d'une loi.

60. L'institution des juges actuels de commerce est conservée.

61. La justice de paix est également conservée : les juges de paix, quoique nommés par le Roi, ne sont point inamovibles.

62. Nul ne pourra être distrait de ses juges naturels.

63. Il ne pourra en conséquence être créé de commissions et tribunaux extraordinaires. Ne sont pas compris sous cette dénomination, les juridictions prévôtales si leur rétablissement est jugé nécessaire.

64. Les débats seront publics en matière criminelle, à moins que cette publicité ne soit dangereuse pour l'ordre et les mœurs, et dans ce cas, le tribunal le déclare par un jugement.

65. L'institution des jurés est conservée. Les changemens qu'une plus longue expérience ferait juger nécessaire ne peuvent être effectués que par une loi.

66. La peine de la confiscation des biens est abolie, et ne pourra être rétablie.

67. Le Roi a le droit de faire grâce et celui de commuer les peines.

68. Le Code civil et les lois actuellement existantes, qui ne sont pas contraires à la présente Charte, restent en vigueur, jusqu'à ce qu'il y soit légalement dérogé.

Droits particuliers garantis par l'État.

69. Les militaires en activité de service, les officiers et soldats en retraite, les veuves et les soldats pensionnés, conserveront leurs grades, honneurs et pensions.

70. La dette publique est garantie. Toute espèce d'engagement pris par l'état avec ses créanciers est inviolable.

71. La noblesse ancienne reprend ses titres; la nouvelle conserve les siens. Le Roi fait des nobles à sa volonté; mais il ne leur accorde que des rangs et des honneurs, sans aucune exemption des charges et des devoirs de la société.

72. La Légion-d'Honneur est maintenue. Le Roi déterminera les règlemens intérieurs et la décoration.

73. Les colonies seront régies par des lois et des règlemens particuliers.

74. Le Roi et ses successeurs jureront, dans la solennité de leur sacre, d'observer fidèlement la présente Charte constitutionnelle.

Loi relative a l'indemnisation des émigrés,
promulguée le 27 avril 1825.

Art. premier. Trente millions de rente au capital d'un milliard sont affectés à l'indemnité due par l'état aux Français dont les biens-fonds, situés en France, et qui faisaient partie du territoire de la France au premier janvier 1792, ont été confisqués et aliénés en exécution des lois sur les émigrés, les déportés et les condamnés révolutionnairement. Cette indemnité est définitive, et, dans aucun cas, il ne pourra y être affecté aucune somme excédant celle qui est portée au présent article.

2. Pour les biens-fonds vendus en exécution des lois qui ordonnaient la recherche et l'indication préalable du revenu de 1790, ou du revenu valeur 1790, l'indemnité consistera en une inscription de rente trois pour cent sur le grand livre de la dette publique, d'après les procès-verbaux d'expertise et d'adjudication. Pour les biens-fonds dont la vente a été faite en vertu des lois antérieures au 12 prairial an III, qui ne prescrivaient qu'une simple estimation préalable, l'indemnité se composera d'une inscription de rente trois pour cent sur le grand-livre de la dette publique, dont le capital sera égal au prix de vente réduit en numéraire au jour de l'adjudication, d'après le tableau de dépréciation

des assignats, dressé en exécution de la loi du 5 messidor an V, dans le département où était située la propriété vendue. Lorsque le résultat des liquidations aura été connu, les sommes restées libres sur les trente millions de rente déterminés par l'art. premier, seront employées à réparer les inégalités qui auront pu résulter des bases fixées par le présent article, suivant le mode qui aura été réglé par une loi.

3. Lorsqu'en exécution de l'article 20 de la loi du 9 floréal an III, les ascendans d'émigrés auront acquis, au prix de l'estimation déclarée, les portions de leurs biens-fonds attribués à l'état, par le partage de succession, le montant de l'indemnité sera égal à la valeur réelle des sommes qui auront été payées : en conséquence l'échelle de dépréciation des départemens pour les assignats et les mandats, et le tableau pour les autres effets reçus en paiement, seront appliqués à chacune des sommes versées, à la date du versement ; l'indemnité sera délivrée à l'ascendant, s'il existe, est, à son défaut, à celui ou à ceux de ses héritiers qui, par les arrangemens de famille, auront supporté la perte. Lorsque l'état aura reçu d'un aîné, ou d'un autre héritier institué, le prix des légitimes que des légitimaires frappés de confiscation avaient le droit de réclamer en biens-fonds, le montant réduit de la somme payée pour prix de cette portion

légitimaire sera restitué à ceux qui y avaient droit ou qui les représentent.

4. Lorsque les anciens propriétaires seront rentrés en possession des biens confisqués sur leurs têtes, après les avoir acquis directement ou par personnes interposées, l'indemnité sera fixée sur la valeur réelle payée à l'état, conformément aux règles établies par l'article 3. Lorsque, par les mêmes moyens, ils les auront rachetés à des tiers, l'indemnité sera égale aux valeurs réelles qu'ils justifieront avoir payées, sans que, dans aucun cas, elle puisse excéder celle qui est déterminée par l'article 2 ; à défaut de justification, ils recevront une somme égale aux valeurs réelles formant le prix payé à l'état. Dans les deux cas ci-dessus, les ascendans et les descendans, ou femme de l'ancien propriétaire, seront réputés personnes interposées. Lorsque les héritiers de l'ancien propriétaire seront rentrés directement dans la possession des biens confisqués sur lui, l'indemnité à laquelle ils auraient droit sera fixée de la même manière.

5. Les rentes trois pour cent, affectées à l'indemnité, seront inscrites au grand-livre de la dette publique, et délivrées à chacun des anciens propriétaires ou à ses représentans, par cinquième, et d'année en année, le premier cinquième devant être inscrit le 22 juin 1825 : l'inscription de chaque cinquième portera jouissance des intérêts

du jour auquel elle aura dû être faite, à quelque époque que la liquidation ait été terminée et la délivrance opérée. Néanmoins les liquidations donnant droit à des inscriptions inférieures à 250 fr. de rente ne sont pas soumises aux délais prescrits ci-dessus : l'inscription en aura lieu en totalité et avec jouissance du 22 juin 1825.

6. Pour l'exécution des dispositions ci-dessus, il est ouvert au ministre des finances un crédit de trente millions de rente, trois pour cent, qui seront inscrits savoir : six millions le 22 juin 1825, six millions le 22 juin 1826; six millions le 22 juin 1827 ; six millions le 22 juin 1828; six millions le 22 juin 1829, avec jouissance pour les rentes, inscrites du jour où leur inscription est autorisée.

Titre II. *De l'Admission à l'indemnité et de la Liquidation.*

7. Seront admis à réclamer l'indemnité l'ancien propriétaire, et, à son défaut, les Français qui étaient appelés par la loi ou par sa volonté à le représenter à l'époque de son décès, sans qu'on puisse leur opposer aucune incapacité résultant des lois révolutionnaires : leurs renonciations ne pourront leur être opposées que par héritiers qui, à leur défaut, auraient accepté la succession. Il ne sera dû aucun droit de succession pour les indemnités reclamées dans les cas du présent article et de l'art. 3.

8. Pour obtenir l'indemnité, les anciens propriétaires, ou leurs représentans, se pourvoiront devant le préfet du département où sont les biens-fonds vendus : le préfet transmettra la demande au directeur des domaines du département, qui dressera le bordereau d'indemnité conformément aux dispositions précédentes. Le bordereau sera communiqué aux réclamans, ensuite adressé par le préfet au ministre des finances, avec les pièces produites ; il y joindra son avis motivé, qui portera tant sur les droits et qualité des réclamans, que sur les énonciations du bordereau, et les observations et réclamations qu'il aurait reçues.

9. Le ministre des finances vérifiera, 1° s'il n'a pas été payé de soultes ou de dettes à la décharge du propriétaire dépossédé ; 2° s'il ne lui a pas été compté, en exécution de la loi du 5 décembre 1814, de sommes provenant de reliquats de décomptes de la vente de ses biens ; 3° s'il ne s'est pas opéré de compensations pour les sommes dues par lui au même titre ; 4° si quelques-uns des biens confisqués sur lui ne provenaient pas d'engagemens ou autres aliénations du domaine royal, qui n'auraient été maintenus que par les lois du 14 ventose an 7 et 28 avril 1816, qu'à la charge de payer le quart de la valeur desdits biens, auquel cas il sera fait déduction du quart sur l'indemnité due pour les mêmes biens. Il

sera dressé un état des déductions à opérer, dans lequel ne seront pas comprises les sommes payées à titre de secours aux femmes et enfans, les gages de domestiques, et autres paiemens de même nature faits en assignats, et en exécution des lois du 8 avril 1792, et 12 mars 1793. Quel que soit le total de ces déductions, il ne pourra diminuer l'affection des trente millions de rente fixés par l'article premier.

10. Le bordereau d'indemnité et l'état des déductions seront transmis par le ministre des finances à une commission de liquidation nommée par le Roi.

11. La commission procédera d'abord à la reconnaissance des qualités des droits des réclamans. Dans le cas où elle jugerait la justification irrégulière ou insuffisante, elle les renverra devant les tribunaux, pour faire statuer sur leur qualité, contradictoirement avec le procureur du Roi. S'il s'élève entre les réclamans des contestations sur leurs droits respectifs, la commission les renverra également à se pourvoir devant les tribunaux pour faire prononcer sur leurs prétentions, le ministère public entendu. Il y sera statué comme en matière sommaire, à moins qu'il ne s'élève quelque question d'état.

12. Quand la justification des qualités aura été reconnue suffisante, ou quand il aura été

statué par les tribunaux , la commission ordonnera qu'il sera donné copie aux ayant-droit , des bordereaux dressés dans les départemens , et de l'état des déductions proposées par le ministre des finances ; elle procédera à la liquidation, après avoir pris connaissance de leurs mémoires et observations.

13. La liquidation opérée , la commission donnera avis de ses décisions aux ayant-droit , et le transmettra au ministre des finances, qui fera opérer l'inscription de la rente pour le montant de l'indemnité liquidée, dans les termes et dé'ais qui ont été prescrits.

14. Les ayant-droit pourront se pourvoir contre la liquidation de la commission devant le Roi en son conseil d'état, dans les formes et délais fixés dans les affaires contentieuses. La même faculté est réservée au ministre des finances.

TITRE III. *Des Déportés et des Condamnés.*

15. Les dispositions précédentes seront applicables aux biens confisqués et aliénés au préjudice des déportés et des condamnés révolutionnairement. Sera déduit de l'indemnité le montant des bons au porteur donnés en remboursement aux déportés et aux familles des condamnés , en exécution de la loi du 21 prairial ou 22 fructidor an 3 , réduit en numéraire au cours du jour où la remise leur a été faite.

1*

Titre IV. *Des Biens affectés aux hospices et autres établissemens de bienfaisance, et des Biens concédés gratuitement.*

16. Les anciens propriétaires des biens donnés aux hospices et autres établissemens de bienfaisance, soit en remplacement des biens aliénés, soit en paiement des sommes dues par l'état, auront droit à l'indemnité ci-dessus réglée : cette indemnité sera égale au montant de l'estimation en numéraire faite avant la cession.

17. En ce qui concerne les biens qui n'ont été que provisoirement affectés aux hospices et autres établissemens, qui, aux termes de l'art. 8 de la loi du 5 décembre 1814, doivent être restitués lorsque ces établissemens auront reçu un accroissement de dotation égale à la valeur de ces biens, les anciens propriétaires ou leurs représentans pourront en demander la remise aussitôt qu'ils auront transmis à l'hospice détenteur une inscription de rente trois pour cent, dont le capital sera égal au montant de l'estimation qui leur est due à titre d'indemnité. En ce qui concerne les biens définitivement et gratuitement concédés par l'état, soit à d'autres établissemens publics, soit à des particuliers, l'indemnité due aux anciens propriétaires sera réglée conformément à l'article 16 ci-dessus ; à défaut d'estimation desdits biens antérieure à la cession

qui en a été faite , ils seront estimés contradictoirement et par experts , valeur de 1790.

TITRE V. *Des Droits des créanciers relativement
à l'indemnité.*

18. Les oppositions qui seront formées à la délivrance de l'inscription des rentes, par les créanciers des anciens propriétaires porteurs de titres
antérieurs à la confiscation, non liquidés , non
payés par l'état, n'auront d'effet que pour le capital de leurs créances. Les anciens propriétaires
ou leurs représentans auront à se libérer des
causes de ces oppositions, en transférant aux
créanciers , sur le montant de la liquidation , en
rente trois pour cent, un capital nominal égal à la
dette réclamée. Les créanciers exerceront leurs
droits suivant le rang des priviléges et hypothè-
ques qu'ils avaient sur les immeubles confisqués;
l'ordre et la distribution seront faits , s'il y a
lieu , quel que soit le lieu de situation desdits
biens , devant le tribunal du domicile de l'ancien
propriétaire , ou devant le tribunal dans le ressort duquel la cession est ouverte.

TITRE VI. *Des Délais pour l'admission.*

19. Les réclamations tendant à obtenir l'indemnité devront être formées , à peine de déchéance, dans les délais suivans, savoir : dans
un an par les habitans du royaume ; dans dix-

huit mois par ceux qui se trouvent dans les autres états de l'Europe ; dans deux ans par ceux qui se trouveront hors d'Europe. Ces délais courent du jour de la promulgation de la présente loi.

20. Il sera ouvert dans chaque préfecture un registre spécial où seront inscrites, à leur date, les réclamations qui auront été faites au préfet, ainsi que le résultat de chacune des liquidations dès qu'elle aura été terminée. Des extraits régulièrement certifiés de ce registre seront délivrés à toutes personnes qui auront intérêt à les réclamer.

Titre VII. *Dispositions générales.*

21. Il sera annuellement distribué aux chambres, avec les projets de lois des comptes, des états détaillés de toutes les liquidations arrêtées, conformément aux dispositions de la présente loi, pendant l'exercice auquel se rapporteront ces projets.

22. Pendant cinq ans, à compter de la promulgation de la présente loi, tous actes translatifs de la propriété des biens confisqués sur les émigrés, les déportés, les condamnés révolutionnairement, et qui seraient passés entre le propriétaire actuel desdits biens et l'ancien propriétaire ou ses héritiers, seront enregistrés moyennant un droit fixe de 3 francs.

23. La qualité d'étrangère ou d'étranger ne pourra être opposée relativement à l'exécution de la présente loi, aux Françaises, veuves, ou descendantes d'émigrés, de déportés, de condamnés révolutionnairement, lesquelles auraient contracté mariage avec des étrangers, antérieurement au premier avril 1814, ni à leurs enfans nés de pères ayant joui de la qualité de Français.

24. L'article premier de la loi du 5 décembre 1814 continuera de sortir son plein et entier effet. En conséquence, aucune disposition de la présente loi ne pourra préjudicier, en aucun cas, aux droits acquis avant la publication de la Charte constitutionnelle et maintenus par ledit article, soit à l'état, soit à des tiers, ni donner lieu à aucun recours contre eux.

CONSTITUTION DU 28 FRIMAIRE AN 8.

Art. 2. Tout homme né et résidant en France, qui, âgé de vingt-un ans accomplis, s'est fait inscrire sur le registre de son arrondissement communal, et qui a habité depuis pendant un an sur le territoire français, est citoyen français.

3. Un étranger est citoyen français lorsqu'après avoir atteint vingt-un ans accomplis et avoir déclaré l'intention de se fixer en France, il y a résidé pendant dix années consécutives.

6. Pour exercer le droit de cité dans un arrondissement communal, il faut y avoir acquis domicile par un an de résidence, et ne l'avoir pas perdu par un an d'absence.

76. La maison de toute personne habitant le territoire français est un asile inviolable.

Pendant la nuit, nul n'a le droit d'y entrer que dans les cas d'incendie, d'inondation ou de réclamation faite de l'intérieur de la maison.

Pendant le jour, on peut y entrer pour un objet spécial déterminé ou par une loi ou par un ordre émané d'une autorité publique.

77. Pour que l'acte qui ordonne l'arrestation d'une personne puisse être exécuté, il faut 1° qu'il exprime formellement le motif de l'arrestation et la loi en exécution de laquelle elle est ordonnée; 2° qu'il émane d'un fonctionnaire à qui la loi ait formellement donné ce pouvoir; 3° qu'il soit notifié à la personne arrêtée, et lui en soit laissé copie.

80. La représentation de la personne détenue ne pourra être refusée à ses parens et amis porteurs de l'ordre de l'officier civil, lequel sera toujours tenu de l'accorder, à moins que le garde ou geôlier ne représente un ordre du juge pour tenir la personne au secret.

82. Toutes rigueurs employées dans les arrestations, détentions ou exécutions, autres que celles autorisées par les lois, sont des crimes.

CHAPITRE II.

APERÇU DE L'ORGANISATION ADMINISTRATIVE ET JUDICIAIRE EN FRANCE.

Ministères et Administrations publiques.

On compte aujourd'hui en France HUIT MINIS-TRES à portefeuille, qui sont ceux :

De la justice,

Des affaires étrangères,

De la guerre,

De la marine et des colonies,

Des cultes et de l'instruction publique,

De l'intérieur,

Des finances,

De la maison du roi.

SIX DIRECTEURS généraux:

Des contributions indirectes,

Des douanes,

Des eaux et forêts,

De l'enregistrement et des domaines,

Des ponts-et-chaussées,

Des postes.

DES DIRECTEURS de la police; des contributions directes; des beaux-arts; de l'industrie, du commerce et de l'agriculture, etc. etc. Ces divers fonctionnaires sont de véritables petits ministres.

Enfin, sous le nom de *ministres d'état* (ou sans fonctions), nous possédons une pépinière nombreuse de candidats qui n'aspirent qu'au moment de parvenir eux-mêmes au timon des affaires.

La présidence du *conseil des ministres* est exercée aujourd'hui par celui des finances.

Le cabinet d'un ministre, d'un directeur ou d'un secrétaire général est une espèce de sanctuaire où le public ne pénètre qu'avec beaucoup de difficultés. Lorsque l'on veut obtenir une audience, il faut en faire la demande motivée, et le ministre ou fonctionnaire accorde ou refuse l'entrevue demandée.

Jours et heures d'admission dans les bureaux.

Les bureaux mêmes ne sont ouverts qu'à des jours et heures fixes qu'il est essentiel de connaître, afin d'éviter des démarches inutiles.

MINISTÈRE DE LA JUSTICE, place Vendôme. Le ministre reçoit tous les vendredis, depuis midi jusqu'à trois heures ; le secrétaire-général reçoit les magistrats les lundis, mercredis et vendredis, de trois à quatre heures. Les bureaux sont ouverts au public (n° 17) le vendredi, de deux à quatre ; celui des légalisations et la trésorerie du sceau, tous les jours, le premier de midi à deux heures, et l'autre de neuf à deux, excepté les lundis et samedis.

AFFAIRES ÉTRANGÈRES, rue Neuve-des-Capucines. Bureau des passe-ports et légalisations, tous les jours, de onze heures à quatre. C'est le seul où le public soit admis.

GUERRE, rue Saint-Dominique. Premier et troisième mercredi de chaque mois, de deux à quatre heures.

MARINE, rue Royale Saint-Honoré, les jeudis, de deux à quatre heures. Bureau des subsistances, rue de Varenne, n° 37.

INSTRUCTION PUBLIQUE, rue des Saints-Pères, n° 24. Tous les jours, depuis midi.

INTÉRIEUR, rue de Grenelle-Saint-Germain, n° 122. Les jeudis, de deux à quatre heures. Les lundis et jeudis, de midi à trois heures, à la division de la comptabilité pour retirer les lettres d'avis de paiement.

FINANCES, rue de Rivoli. Le bureau des renseignemens au secrétariat général est ouvert tous les jours, de deux à trois heures; celui de l'ancienne liquidation de la dette publique, le vendredi, de midi à trois heures; les autres ne le sont pas.

MAISON DU ROI, rue de Grenelle, n°ˢ 119, 121, 138 *bis*, les jeudis, de deux à quatre heures, et les mercredis, à la même heure, au n° 138.

GRANDE CHANCELLERIE de la Légion-d'Honneur,

rue de l'Université. Les premier et troisième vendredis de chaque mois, à deux heures.

DIRECTION GÉNÉRALE DES PONTS-ET-CHAUSSÉES,
place Vendôme, n° 19, les samedis, de deux
à quatre heures.

DES POSTES, rue Jean-Jacques Rousseau.
Bureaux d'affranchissement, tous les jours, de
huit à quatre heures ; des chargemens, de huit
à une heure après midi ; d'affranchissement d'imprimés, aux mêmes heures ; les autres bureaux,
à l'exception de celui des voyageurs, sont fermés
au public. Les bureaux de la poste tiennent les
jours fériés.

DE L'ENREGISTREMENT ET DES DOMAINES, rue
de Choiseul, n° 2. Le public n'est admis que
dans le bureau des renseignemens, le jeudi, de
deux à quatre heures. Le directeur reçoit tous
les jours, de onze à une heure.

DES FORÊTS, rue Neuve-Saint-Augustin,
n° 23. Le directeur-général reçoit les jeudis.

DES DOUANES, rue du Mont-Thabor, n° 15.
Cabinet du directeur, rue Castiglione, n° 1.

DES CONTRIBUTIONS INDIRECTES, rue Sainte-
Avoye, n° 44.

DES CONTRIBUTIONS DIRECTES, au ministère des
finances. Tous les jours, de deux à trois heures.

DE LA POLICE, au ministère de l'intérieur. Les
jeudis, de deux à quatre heures.

Des Beaux-Arts, rue de Grenelle, n° 138 *bis*. (V. *Maison du Roi.*)

Du Dépôt de la Guerre, rue de l'Université, n° 61.

Des Établissemens d'utilité publique et secours généraux, au ministère de l'intérieur.

Des Travaux publics de Paris, rue Poultier, n° 7.

De l'Enregistrement pour le département de la Seine, rue Saint-Joseph, n° 6.

Des Domaines, *idem*, rue Thévenot, n° 26.

Des Contributions directes du département, vieille rue du Temple, n°° 24 et 26. Les bureaux sont ouverts tous les jours, à trois heures, et le samedi à midi.

Des Contributions indirectes, rue de Tournon, n° 15.

Des Octrois de Paris, rue et hôtel Grange-Batelière. Tous les jours, depuis neuf heures du matin

Caisse municipale, rue d'Anjou-Saint-Honoré, n° 11. Tous les jours, de dix à trois heures; elle paie les mardis, jeudis et samedis.

Administration générale de la Loterie, rue Neuve-de-Luxembourg. Les tirages se font publiquement; le public est admis dans les bureaux tous les jours.

Des Tontines, rue Sainte-Anne, n° 16.

Des Hôpitaux et Hospices, parvis Notre-

Dame, n° 30. Tous les jours, depuis neuf heures jusqu'à quatre. Tous les malades qui veulent être admis dans un hospice, sont obligés de se présenter en personne au bureau central, à moins qu'ils ne soient pas transportables ; les mardis, jeudis et samedis, de neuf heures à midi. Il se donne dans ce bureau des consultations gratuites pour les teigneux.

DE LA GRANDE AUMÔNERIE, rue de Bourbon, n° 2. Les jeudis, à deux heures.

ARCHIVES DU ROYAUME, à l'hôtel Soubise.

CONSEIL D'ÉTAT. Bureau du secrétariat, au Louvre, par la rue du Coq. Tous les jours, vers midi.

CHAMBRE DES DÉPUTÉS. Bureaux, au palais de la Chambre et à l'hôtel de la Présidence, rue de Bourbon, n° 88.

DE LA CHAMBRE DES PAIRS, au palais de la Chambre.

PRÉFECTURE DE LA SEINE, place de l'Hôtel-de-Ville. Tous les jours, de trois à quatre heures.

PRÉFECTURE DE POLICE, quai des Orfévres. Audience du préfet, tous les mardis, à deux heures ; le secrétaire intime reçoit les jeudis, à la même heure. Le public est admis dans les bureaux tous les jours.

MAIRIES. Elles sont au nombre de douze. Les maires ou un de leurs adjoints donnent audience tous les jours, vers midi ; les bureaux sont ouverts de neuf heures du matin jusqu'à quatre de l'après-midi.

Etat-Major général de la 1re division militaire, rue de Bourbon, n° 1.

Etat-major de la place de Paris, place Vendôme.

Etat-major général de la garde nationale, rue de la Chaussée-d'Antin, n° 11.

Caisse d'Amortissement et des Dépôts et Consignations, rue de l'Oratoire-Saint-Honoré. Tous les jours, à trois heures.

Cours et Tribunaux.

La justice est rendue en France par des juges de paix; des tribunaux de première instance et de commerce; des cours royales; des cours d'assises; une cour de cassation et une cour des comptes.

Les juges de paix terminent, autant que possible, par conciliation, toutes les affaires qui sont portées devant eux, et jugent en dernier ressort toute contestation dont l'objet ne s'élève pas à une somme de plus de cent francs. Il y a une ou plusieurs justices de paix par canton.

Les tribunaux de commerce sont composés de négocians, et connaissent de toutes contestations résultantes d'actes de commerce.

Les tribunaux de première instance jugent toutes les affaires que n'ont pu concilier les juges de paix, et qui excédaient leur compétence. Ces tribunaux se divisent en deux chambres ou deux sections, dont l'une pour les contestations en matière civile, et l'autre pour les affaires de police correctionnelle, telles qu'escroqueries, insultes, voies de fait, etc. On compte un tribunal de première instance par sous-préfecture. Chacun de ces tribunaux est composé d'un président, d'un vice-président, d'un juge d'instruction; de juges, d'un procureur du roi, et de substituts.

Les appels des tribunaux de première instance et de commerce sont portés devant les cours royales. Celles-ci sont au nombre de vingt-sept pour toute la France : chacune d'elles embrasse dans son ressort plusieurs départemens, et se compose d'un premier président, de présidens de chambres, de conseillers et de conseillers-auditeurs.

Chaque cour royale se divise en plusieurs chambres : celle de Paris en compte trois pour les affaires civiles; une pour les affaires de police correctionnelle, et une pour les mises en accusation. Il y a près de cette cour un procureur général du roi, quatre avocats généraux, onze substituts, etc. Le nombre des avocats généraux, des substituts et des autres magistrats, est proportionné, dans chaque cour, aux besoins présumés du service.

Les cours d'assises (une par département) se composent de jurés et de juges : elles ne connaissent que des matières criminelles qui leur sont renvoyées par les chambres de mise en accusation.

La cour de cassation est le plus haut degré de la hiérarchie judiciaire : c'est devant elle que sont portées les affaires qui ont épuisé les autres juridictions. Mais comme cette cour n'a d'autres attributions que d'exercer une utile surveillance sur les autres tribunaux du royaume, et de veiller à la stricte observance des formes voulues dans la dispensation de la justice, elle se borne à casser les arrêts qui pèchent par quelques vices de forme, sans rien statuer quant au fond.

Après l'annullation d'un jugement par la cour suprême, l'affaire ne peut plus être renvoyée devant le tribunal dont l'arrêt vient d'être cassé ; mais au tribunal le plus voisin. Le délai pour se pourvoir en cassation est de trois jours après celui où le jugement a été prononcé, pour les affaires criminelles, correctionnelles ou de simple police ; et de trois mois, à partir du jour de la signification, en matière civile.

La cour de cassation connaît de tous les crimes de forfaiture commis par les magistrats en fonctions, ou par un tribunal en entier.

La cour des comptes est instituée pour examiner et juger en dernier ressort les comptes de tous individus ayant le maniement des deniers publics ; rejeter ceux des comptes qui ne lui paraissent pas réguliers, et donner quittance et décharge des autres. Cette cour se compose d'un premier président, de présidens de chambres, de conseillers maîtres des comptes, et de référendaires.

Les référendaires sont chargés de l'examen préparatoire des pièces ; les maîtres des comptes en font le rapport à la chambre dont ils font partie, et celle-ci admet ou rejette les comptabilités qui lui en paraissent susceptibles. Il y a un procureur du roi près cette cour.

Le greffier de la cour des comptes délivre aux intéressés les expéditions des arrêts, extraits d'actes, certificats, et tous autres renseignemens dépendans des archives et dépôts.

Audiences des Cours et Tribunaux de Paris, et heures d'entrée dans les greffes.

Tribunal de première instance. Les audiences ont lieu tous les jours, excepté les lundis et les fêtes : pour la 1re chambre, à 10 heures ; 2e chambre, à 10 heures et demie ; 3e chambre, à 11 heures ; 4e chambre, à 11 heures et demie ; 5e chambre, à midi ; 6e chambre, à 10 heures ; 7e chambre, à 11 heures. Les quatre premières chambres connaissent des affaires civiles ; la cinquième, des affaires sommaires ; les sixième et septième, des affaires de police correctionnelle.

L'audience des criées pour les ventes de propriétés a li u dans la première chambre, les mercredis et samedis, à midi.

Les greffes sont ouverts au public tous les jours.

Tribunal de commerce, au Palais de la Bourse, mardi, mercredi et vendredi, à 10 heures pour les causes sommaires ; et les lundis et mercredis, à midi, pour les plaidoiries.

Cour royale. Première chambre, les lundis, mardis et samedis, à 9 heures, et les vendredis, à midi ; 2e chambre, les lundis et mardis, à midi ; les mercredis et jeudis, à 9 heures ; 3e chambre, mercredi et jeudi, à midi ; vendredi et samedi, à 9 heures, pour les affaires ordinaires. La chambre des mises en accusation et celle des appels de police correctionnelle, entrent en audience à 9 heures : la cour d'assises tient séance tous les jours, à 9 heures, pendant la durée de sa session.

Les greffes sont ouverts tous les jours.

Cour de cassation Section des requêtes, les mardis, mercredis et jeudis ; section de cassation civile, les lundis, mardis et mercredis ; section de cassation criminelle, les jeudis, vendredis et samedis.

Cour des comptes. Première chambre, les mardis, mercredis et jeudis; 2.ᵉ chambre, les jeudis, vendredis et samedis ; 3.ᵉ chambre, les lundis, mardis et mercredis : les diverses chambres entrent en séance à 9 heures.

Le greffe est ouvert tous les jours non fériés, de 3 à 4 heures.

Justices de paix. Messieurs les juges de paix, au nombre de douze, tiennent pour la plupart, tous les matins, dans leurs cabinets, des audiences de conciliation volontaire ; outre les audiences publiques de conciliation et de compétence, qui ont lieu dans leur tribunal deux ou trois fois par semaine, à jours et heures fixes pour chaque tribunal.

CHAPITRE III.

COUR DE FRANCE.

Famille royale.

CHARLES X, né à Versailles le 9 octobre 1757, roi de France et de Navarre (16 septembre 1824).

Louis-Antoine de France, Dauphin, né à Versailles le 6 août 1775, marié le 10 juin 1799, à

Marie-Thérèse-Charlotte de France, dauphine, née à Versailles le 19 décembre 1778, fille de Louis XVI.

Caroline-Ferdinande-Louise (MADAME), fille du roi des Deux-Siciles, née le 5 septembre 1798; veuve de Charles-Ferdinand d'Artois, duc de Berry.

Enfans de France.

Henri-Charles-Ferdinand-Dieudonné d'Artois, duc de Bordeaux, né le 27 septembre 1820.

Louise-Marie-Thérèse d'Artois (MADEMOISELLE), née le 21 septembre 1819.

Princes du sang.

Louis-Philippe, duc d'Orléans, né le 6 octobre 1773; marié à

Marie-Amélie, sœur du roi des Deux-Siciles, née le 26 avril 1782.

. . . .
. . . .

Eugénie-Adélaïde-Louise (Mademoiselle d'Orléans), sœur de Mgr. le duc d'Orléans, née le 23 avril 1777.

Louis-Henri-Joseph de Bourbon-Condé, duc de Bourbon, prince de Condé, né le 13 avril 1756.

Les princes de la famille royale sont traités de *Monseigneur* et *votre altesse royale.*

Les princesses, de *Madame* et *votre altesse royale.*

Les princes et princesses du sang sont traités d'*altesses sérénissimes ;* mais monseigneur le duc et madame la duchesse d'Orléans ont été élevés par le roi au rang d'*altesses royales.*

MAISON DU ROI ET DES PRINCES.

La maison civile du Roi est divisée en six services, dirigés chacun par un grand officier de la couronne, auquel doivent être adressées toutes les demandes relatives à son département.

PREMIER SERVICE.

Grande aumônerie de France.

Ce service renferme tout ce qui a rapport aux affaires ecclésiastiques de la maison du Roi , y compris le chapitre royal de Saint-Denis , et la garde des tombeaux. La distribution des aumônes en fait partie.

DEUXIÈME SERVICE.

Grand-maître de France.

Ce service comprend tout ce qui se rattache à la police et au gouvernement des châteaux royaux.

TROISIÈME SERVICE.

Grand chambellan.

Ce service embrasse tout ce qui se rapporte au service de la chambre et de la personne du Roi ; les fêtes et spectacles de la cour , les menus plaisirs , et le service de santé en font partie. Les premiers valets – de – chambre de service sont chargés de l'administration de la cassette du Roi, et de la distribution des secours payés par cette cassette.

QUATRIÈME SERVICE.

Grand écuyer de France.

Ses attributions comprennent tout ce qui se rattache au service des écuries du Roi.

CINQUIÈME SERVICE

Grand veneur de France.

Son département est exclusivement consacré aux chasses du Roi.

SIXIÈME SERVICE.

Grand maître des cérémonies.

Il a sous sa dépendance tous les fonctionnaires attachés aux cérémonies de la cour.

Indépendamment de ces six services principaux, il y a trois intendances de la maison du Roi.

La première est celle de la liste civile, spécialement chargée du paiement des pensions, secours et gratifications accordés aux employés supérieurs et subalternes de la maison du Roi, à leurs femmes ou à leurs enfans.

La seconde est celle des bâtimens, parcs et jardins.

La troisième, celle des domaines et forêts de la couronne (celle-ci ne doit pas être confondue avec la direction des eaux et forêts).

Enfin, ces différentes branches de services forment avec la maison militaire, un département ministériel particulier, désigné sous le nom de ministère de la maison du Roi.

Chaque prince ou princesse de la famille royale et du sang a sa maison particulière.

Les premiers gentilshommes du Dauphin portent le titre de *premiers ménins* , et les gentilshommes ordinaires celui de *ménins*.

Les demandes que l'on désire faire parvenir directement doivent être adressées aux premiers gentilshommes des princes , aux dames d'honneur des princesses , ou aux gouvernantes des enfans. Les autres sont adressées aux secrétaires des commandemens.

Audiences et présentations à la cour.

Le Roi donne tous les joursdes audiences publiques , en revenant de la messe ; sa majesté , suivie de tous ses officiers de service , traverse , en revenant de la chapelle , la salle des maréchaux, où le public est admis ; et reçoit tous les placets qui lui sont présentés. Le Roi passe ensuite , et s'arrête successivement dans chacune des pièces de son appartement extérieur , pour permettre aux personnes qui ont le droit de s'y trouver selon leurs rangs, de lui faire leur cour. Lorsque le Roi entend la messe dans ses appartemens , il ne donne audience qu'aux personnes qui ont leurs entrées.

Les personnes qui désirent obtenir une audience particulière , soit pour présenter au Roi un ouvrage , un placet, soit pour tous autres motifs, doivent en faire la demande par écrit au premier gentilhomme de la chambre.

Les personnes présentées doivent porter l'habit français, culotte courte, bas de soie, souliers à boucles, et l'épée. Les femmes doivent être en habit de cour. Le costume n'est pas de rigueur pour être admis dans la salle des maréchaux.

Deuils de cour.

La cour porte le deuil de tous les souverains, et de tous les membres des maisons souveraines.

Les deuils de cour se partagent en grand et petit deuil. Le grand deuil se divise en trois temps :

1º La laine ; 2º la soie et les pierres noires ; 3' petit deuil et les diamans.

Le grand deuil dure selon le rang de la personne pour qui on le porte, de deux mois à six ; et le petit deuil, de trois jours à trois semaines.

Le roi règle et détermine la nature et la durée du deuil.

Le costume des hommes est : pour le grand deuil, habit de drap noir, souliers bronzés, bas noirs de laine, épée noire garnie d'un crêpe, boucles noires, cravate de batiste, pleureuses ; cheveux sans poudre.

Pendant le second temps, on porte les bas de soie, les boucles d'argent, l'épée de même, avec un nœud de ruban noir.

Le costume de petit deuil est l'habit de soie noire, les bas de soie blanche, un nœud de ruban noir et blanc à la poignée de l'épée d'argent.

Dans les grandes cérémonies, les hommes portent pendant le grand deuil, un manteau dont la longueur est fixée selon les rangs.

La queue de celui du Roi est longue de cinq pieds ; celle des frères du Roi, de trois pieds et demi ; celle des autres princes, de deux pieds.

Les manteaux des grands fonctionnaires ne traînent que de trois à quatre travers de doigts ; le manteau des autres personnes ne passe pas la cheville.

Les dames sont vêtues de laine noire pendant le grand deuil, et portent pendant la première moitié de ce temps, coiffure et fichu de crêpe noir, coiffure et fichu de crêpe blanc, garni d'effilé, pendant la seconde période.

Les coiffures et garnitures sont les mêmes pendant le deuil ordinaire : la soie remplace la laine.

Le costume de petit deuil est noir et blanc, ou blanc uni.

Les femmes portent à l'instar des hommes, dans les grandes cérémonies, une mente noire dont la longueur est également proportionnée aux rangs ; et un petit voile de crêpe noir.

Toutes les personnes admises soit en audience publique, soit en audience particulière, dans les temps du deuil, doivent le porter.

CHAPITRE IV.

DES PÉTITIONS EN GÉNÉRAL.

Du style convenable aux pétitions.

On désigne en général sans distinction, sous les dénominations de pétition, placet, mémoire, requête ; des actes particuliers qui ont tous pour objet la demande d'une grâce, d'une faveur ou d'un acte de justice : les mots ci-dessus sont donc à peu près synonymes.

Cependant celui de *pétition*, dérivé du latin, s'applique en général à toute demande pure et simple adressée à une autorité quelconque ; on donne plus spécialement celui de *placet* aux pétitions adressées à des souverains ou à d'autres personnages très-éminens ; le *mémoire* contient ordinairement un résumé succinct, mais détaillé, des faits sur lesquels la demande est basée ; enfin les actes de ce genre adressés aux cours ou aux membres de la magistrature sont des *requêtes.*

Ces écrits contiennent presque toujours 1 l'exposé d'un fait ; 2° une demande ; 3° les motifs sur lesquels elle est fondée. Ils doivent offrir tout à la fois simplicité, clarté, concision :

Simplicité, afin de ne pas fatiguer par un fatras de mots inutiles l'attention de la personne à qui l'écrit est adressé ; *clarté*, afin que l'on en puisse, dès les premières lignes, saisir le sens et connaître l'objet ; *concision*, afin de ne pas produire dès le premier abord une impression défavorable.

Le style en doit être respectueux, mais noble et sans bassesse. Beaucoup de solliciteurs croient assurer le succès de leur demande en se traînant pour ainsi dire aux pieds du personnage qu'ils sollicitent : ils n'inspirent le plus souvent qu'un dégoût mêlé de mépris. On peut en dire autant de ces flagorneries et des protestations bannales de *reconnaissance éternelle* et de *dévouement sans bornes*, par lesquelles on se croit obligé de terminer toutes les pétitions.

Choix du papier.

Toute pétition doit être écrite très-lisiblement.

On prend du papier timbré de 1 fr. 25 c. pour toutes celles que l'on adresse aux maires, préfets, autorités administratives et locales, aux autorités judiciaires, etc., lorsque ces pétitions se rattachent directement aux matières administratives, et qu'elles n'ont pas simplement pour objet une demande d'emploi, d'avancement, de secours, etc. Les demandes en réduction de contributions, celles que l'on adresse aux officiers de police pour matières de peu d'importance, peuvent être écrites sur papier de 35 c.

Toutes les autres pétitions, quel que soit le rang des fonctionnaires ou de l'autorité à qui elles sont adressées, s'écrivent sur beau papier *teillière*; c'est un papier de grand format, fin de pâte et ayant beaucoup de corps : mais elles doivent être timbrées si elles sont de nature à faire titre ou à être produites en justice.

Les simples lettres à des fonctionnaires publics peuvent être écrites indifféremment sur grand papier à lettre ou sur teillière.

On se sert quelquefois de papier à filet en or pour le Roi, les princes et autres grands personnages; l'on emploie du papier à liseré noir, et le cachet de même couleur, quand la cour ou la personne à qui l'on écrit est en deuil.

Il serait malhonnête, et même indécent, d'écrire une pétition sur une demi-feuille, sur du papier non rogné ou d'une qualité très-inférieure. Si l'on ne peut écrire sans se rayer, il convient d'effacer les traits de crayon après avoir écrit.

De la forme des pétitions.

Avant de commencer sa pétition, on donne au papier une marge du tiers environ de sa largeur.

On place la date tout en haut de la page, dans le coin sur la droite.

A un ou deux travers de doigt au-dessous et en longue ligne, les titres et qualités de la personne à qui est adressée la pétition.

Un peu au-dessous et *a linea*, les noms, prénoms, qualités et domicile du pétitionnaire.

Le corps de la pétition ne doit commencer qu'au-dessous du premier tiers de la hauteur de la page; le mot Monsieur, Monseigneur, etc., plus ou moins rentré sur la droite, doit être bien détaché du corps et de la tête de la pétition.

Celle-ci sera divisée en autant d'alinéas qu'elle formera de membres principaux, afin de mieux appeler l'attention sur chacun d'eux.

Le premier alinéa contiendra par conséquent l'exposé des faits; le second la demande; le troisième les motifs à l'appui; le quatrième et dernier la formule finale d'usage.

Il est surtout essentiel de *compter* pour ainsi dire, tellement ses mots, que l'on ne soit pas obligé de retourner le feuillet; mais si l'abondance des détails indispensables ne permettait pas de faire autrement, on commencerait la seconde page à quelques travers de doigt du haut.

Dans tous les cas, il serait malhonnête d'écrire très-fin ou de serrer les lignes outre mesure.

A la fin des pétitions on doit observer, comme au commencement, les règles prescrites par l'étiquette ou par l'usage ; règles que les exemples contenus dans ce volume rendront familières.

Si l'on craignait de terminer trop court pour avoir les espaces nécessaires entre les divers membres de la formule finale, on s'arrangerait de manière à laisser un blanc de deux ou trois travers de doigt au bas de la première page, et à reporter au moins deux ou trois lignes du corps de la pétition sur la seconde.

La signature doit être placée au bas de la page, un peu sur la droite ; détachée de ce qui précède, et accompagnée de l'adresse du pétitionnaire, bien qu'elle soit déjà en tête de la pétition.

Les titres et qualités de la personne à qui l'on s'adresse doivent être écrits en toutes lettres, en caractères un peu plus gros, et répétés autant que possible une ou plusieurs fois dans le texte de la pétition. On ne doit jamais employer d'abréviations.

Si l'on fait quelque faute en écrivant, il faut recommencer sa pétition sans faire ni surcharge ni rature, surtout lorsqu'il s'agit d'un personnage éminent.

Malheureusement pour les personnes qui n'ont pas une belle main, leur bon droit n'est pas toujours aussi fort que le dégoût qu'inspire une mauvaise écriture. Il est donc prudent de recourir en pareil cas au talent d'un écrivain de profession ; mais l'on doit signer soi-même.

Il faut de plus ne pas trop s'en rapporter à lui pour le style , car beaucoup de ces messieurs ne rédigent pas toujours aussi bien qu'ils peignent ; et l'on a vu rejeter, presque sans la lire , telle pétition qui ne dut peut-être cet excès de sévérité qu'aux vices de sa rédaction.

Quand l'on écrit au Roi ou à un personnage très-éminent, la formule *je suis avec le plus profond respect*, ou *avec respect*, a quelque chose de plus noble, de plus convenable que la formule bannale *j'ai l'honneur d'être*, etc. , que l'on prodigue à tort et à travers au moindre fonctionnaire. En général, plus le personnage à qui l'on écrit est éminent, moins l'on a besoin de recourir à ces formes ampoulées , qui ne peuvent flatter tout au plus que la sotte vanité de quelques subalternes.

Du pli, du cachet et de la suscription.

Lorsque la pétition est terminée, on la plie une première fois dans le milieu, dans le sens de la largeur du papier, puis une seconde fois dans le sens de la longueur , et on la met sous enveloppe.

Pour cela on prend une grande demi-feuille de papier entièrement blanc, que l'on rend carrée. On pose dans le milieu la pétition ployée en quatre , de manière que chacun des côtés du carré long qu'elle représente soit vis-à-vis l'un des coins de la demi-feuille, et réciproquement.

. On renverse ensuite l'un sur l'autre, les deux coins opposés aux deux autres petits côtés du carré long, et on les arrête ensemble par un pain à cacheter, en prenant garde de le poser sur la pétition même.

Cela fait, on renverse de même les deux autres coins; mais avant d'y mettre le cachet, on plie les bords de chacun de ces deux coins pour lui donner la forme d'un triangle régulier, et l'on retranche le superflu de chaque côté.

On attache alors l'un de ces deux coins sur les deux premiers avec un pain à cacheter, et l'on applique ensuite l'autre sur celui-là.

L'art de bien faire une enveloppe consiste à ployer chacun des coins bien exactement contre les bords du carré qu'elle renferme, à faire rencontrer exactement les pointes des angles, et à déchirer les bords avec netteté : tout ceci demande un peu d'habitude.

Le dernier cachet, qui est le seul visible, est en cire rouge ou en pain à cacheter de la même couleur; on le met noir si la personne à qui l'on écrit est en deuil. Il serait extrêmement malhonnête d'employer toute autre matière que celles-là, et de se servir de toute autre empreinte que d'un cachet, gravé ou uni, n'importe; mais jamais d'une pièce de monnaie, d'un jeton, de l'ongle, etc.

L'adresse ou suscription se met de manière que le cachet se trouve tourné en bas de la lettre, s'il n'est pas au centre; mais jamais en haut.

La première ligne ne porte jamais que les mots *à Monsieur*, *Monseigneur; à Son Altesse Royale* ou *Sérénissime*, *à Son Excellence*, etc.

La seconde ligne recommence par le mot *Monsieur*, *Monseigneur* ou *Madame*, et doit contenir le titre et le nom; les autres qualités sont détaillées dans les lignes suivantes.

La première ligne doit rentrer vers la droite et être en caractère plus gros que le reste; la seconde est un peu éloignée de la première et commence presque au bord; la troisième est sous la seconde, ainsi de suite.

Le lieu où la lettre est adressée se place au bas et dans le coin à droite.

Les lignes doivent être disposées de manière que les noms, titres et qualités occupent le milieu et soient détachés du reste.

Si l'on écrit à un personnage très-connu, on met simplement après les titres et qualités, *en son hôtel, à* . . . . . S'il s'agit d'un fonctionnaire tellement éminent qu'il ne puisse y avoir équivoque, on ne met ordinairement que ses titres et qualités, sans le nom.

Il est d'usage de déposer les pétitions chez le suisse ou dans les bureaux ; et lorsque l'on est obligé de se servir de la voie de la poste , il ne faut pas négliger d'affranchir si le fonctionnaire à qui l'on écrit n'a pas la franchise ; faute de cette précaution , le paquet ne serait pas reçu et resterait à la poste au rebut.

On ne doit se servir du couvert d'un fonctionnaire public pour écrire à l'un de ses employés , que pour affaires de service ; dans ce cas , la lettre doit être ployée en quatre , et mise sous une simple bande de papier à l'adresse de l'employé , et renfermée ensuite sous une enveloppe portant celle du fonctionnaire.

Les pétitions destinées à être présentées en main propre , doivent être simplement pliées en deux dans leur longueur ; et présentées de manière à ce que l'on puisse , au besoin , jeter les yeux dessus sans avoir à retourner le papier.

Les pétitions adressées à des souverains étrangers doivent parvenir par le canal de leurs ambassadeurs.

Celles que l'on adresse à des ambassadeurs ou autres fonctionnaires.français accrédités près d'une puissance étrangère , doivent être déposées à Paris dans les bureaux des affaires étrangères , ou expédiées franco par la poste.

De la franchise et des personnes qui en jouissent.

La franchise appartient sans restriction au Roi et aux membres de sa famille.

Elle est accordée à tous les autres princes et princesses du sang,

Aux secrétaires de leurs commandemens,

Au grand aumônier de France,

Au premier gentilhomme de la chambre du Roi, de service,

Au capitaine des gardes aussi de service,

Au major général de la garde royale, *idem.*

A l'intendant général de la maison militaire du roi,

Au premier gentilhomme et à la première dame des princes et princesses de la famille royale,

Au chancelier de France,

Au grand référendaire de la chambre des pairs,

Au président de la chambre des députés,

A tous les ministres à portefeuille,

Au chancelier de la Légion-d'Honneur,

Aux directeurs généraux des ponts-et-chaussées, de l'enregistrement et des domaines, des douanes, des contributions indirectes, des postes;

Au directeur de la caisse d'amortissement,

Au secrétaire du conseil d'état,

Aux directeurs ou présidens des commissions de liquidation pendant la durée de leurs fonctions,

Au préfet de police de Paris,

Au commandant de Paris,

Au commandant en chef de la garde nationale parisienne,

Au premier président de la cour de cassation et au procureur général de la même cour;

Au premier président et au procureur général de la cour des comptes.

Il est expressément défendu d'insérer dans les paquets adressés aux personnes ci-dessus, aucun papier étranger à l'objet principal de la lettre. Les lettres que l'on veut faire charger doivent être affranchies.

Les fonctionnaires ci-dessous reçoivent en franchise les lettres qui leur sont adressées *sous bandes* par leurs subordonnés; mais seulement pour objet de service et dans le ressort de l'exercice de leurs fonctions. Ce sont: les commandans des divisions et subdivisions militaires, les intendans militaires, les inspecteurs et sous-inspecteurs des finances, les payeurs de la guerre et de la marine, les receveurs généraux.

Les fonctionnaires ci-dessous ne jouissent pas de la franchise, mais les ports de lettres relatives au service leur sont remboursés. Ce sont: les premiers présidens des cours royales,

les procureurs généraux près les mêmes cours,
les présidens des cours d'assises, les substituts
près les mêmes cours, les procureurs du Roi
près les tribunaux de première instance, les
juges d'instruction, les greffiers en chef des
cours royales et des tribunaux de première
instance.

Quelques autres fonctionnaires peuvent jouir
par faveur de la franchise, mais il est plus convenable et plus prudent d'affranchir pour tous
ceux qui ne sont pas mentionnés ici.

*Protocole à l'égard des personnes titrées ou en
place.*

Malheur au pauvre solliciteur qui, dans ses
relations, soit avec un protecteur, soit avec
l'autorité dont son sort dépend, aura omis
par ignorance ou par oubli, quelques formalités du protocole ! Outre que cette inconve-
nance annoncerait de sa part peu d'usage, il
se rencontre quelquefois des personnages assez
petits par caractère, quoique très-grands par
leurs dignités, pour se montrer plus se nsibles
à l'oubli involontaire d'un de leurs titres,
qu'à la crainte de commettre un déni de justice.

Si le personnage à qui l'on écrit est noble,
il ne faut pas oublier de faire précéder son
nom de son titre sur l'adresse, et de le répéter
au commencement, à la fin et dans le corps

de la pétition. En cas d'incertitude, on ne risque rien de donner une qualification supérieure plutôt qu'inférieure.

Le premier degré des titres nobiliaires est celui de chevalier ; viennent ensuite ceux de baron, vicomte, comte, marquis et duc.

Lorsque la personne titrée occupe en outre des fonctions très—éminentes, on la qualifie dans le cours du placet, du titre que lui donne sa place.

Voici les diverses formules employées selon le rang des personnages.

Pour le Roi.

A Sa Majesté le Roi de France et de Navarre,

(ou plus ordinairement)

AU ROI.

Sire,

Votre majesté,

(on se dit à la fin) *le très—soumis et très-fidèle sujet.*

Pour le Frère du Roi.

A Son Altesse Royale Monsieur, frère du Roi.

Monseigneur,

Votre Altesse Royale, etc.

Pour le fils aîné du Roi.

A Son Altesse Royale Monseigneur le Dauphin.

Monseigneur, etc.

Pour l'épouse du Dauphin.

A Son Altesse Royale Madame la Dauphine.

Madame, etc.

Les sœurs, tantes ou proches parentes du Roi, sont qualifiées de *Madame tante* ou *sœur du Roi*. Lorsque plusieurs princesses de la famille royale portent le titre de *Madame*, on ajoute à ce titre le nom de celle à qui l'on écrit.

Pour un Prince du sang royal.

(*Voy*. Famille royale.)

Pour un grand du royaume ayant le titre de Prince.

A son Altesse Sérénissime Monseigneur le Prince de... ou le Duc de (son nom), Prince de... (le nom de sa principauté).

Monseigneur...,

   Votre Altesse Sérénissime.

Pour le Chancelier de France.

A Sa Grandeur Monseigneur le Chancelier de France.

Pour un Ministre.

A Son Excellence Monseigneur le Ministre secrétaire d'état au département de. . . .

Pour un Ministre d'état.

A Monsieur le Comte, Marquis ou Duc de . . .,
ministre d'état. (On ajoute ses autres qualités, s'il en a ; et on le traite de Monsieur
le Comte, le Marquis, le Duc.)

Pour un Maréchal de France.

A Son Excellence Monseigneur le (ses titres de
noblesse et le nom), Maréchal de France.

Pour le Chancelier de la Légion-d'Honneur.

A Son Excellence Monseigneur le Maréchal Duc
de. . . . , grand Chancelier de la Légion-
d'Honneur.

Pour un grand Officier de France.

A Son Excellence Monseigneur le (titre et noms),
grand (désignation des fonctions), de France.

Pour une Autorité militaire.

A M. le Général commandant de. . . . ; Monsieur le Colonel du régiment de. . . ; le Commandant de la place ou du fort de. . . , etc.

Monsieur le Général, le Colonel, le Commandant ; etc. (Si le fonctionnaire est titré d'un titre supérieur, il faut se servir de ce titre en lui adressant la parole , et mentionner sur la suscription ses décorations et dignités , s'il en a. Un militaire écrivant ou parlant à son supérieur , le traite de *mon général*, *mon colonel*, etc.

Pour un *Ambassadeur.*

A Son Excellence Monseigneur le (titres , noms et qualité) , Ambassadeur de Sa Majesté Très-Chrétienne près la cour de...

Pour un *Prince de l'Eglise.*

A Son Eminence Monseigneur le Cardinal (son nom) ; ou , à son Eminence Monseigneur (le nom) , Cardinal de la sainte Eglise romaine.

Pour un *Archevêque ou Evêque.*

A Sa Grandeur Monseigneur de... archevêque ou évêque de.... (Si le prélat est en même temps cardinal, on dira : le cardinal archevêque ou évêque de....)

Pour un *Pair de France.*

A Sa Seigneurie Monsieur le (titres de noblesse et noms) , pair de France.

Monsieur le....: Votre Seigneurie.

Pour un Homme titré sans fonctions.

A Monsieur le (titres , nom et qualités).
Monsieur le....

Pour un Fonctionnaire public.

A monsieur le (désignation des fonctions).

Monsieur le....

(Si le fonctionnaire a le titre de ministre d'Etat ou de conseiller d'état, on énonce ce titre sur l'adresse du placet , et l'on n'emploie en tête dans le cours du placet que le titre de fonctionnaire).

Des pièces justificatives qui doivent accompagner les pétitions.

Toute pétition doit être accompagnée de renseignemens authentiques propres à prouver l'exactitude des faits énoncés , et à établir les droits du pétitionnaire à la faveur qu'il sollicite.

Ces renseignemens sont spécialement :

Pour les militaires et les employés qui sollicitent de l'avancement ou des récompenses , des états détaillés de services , dûment légalisés , et des certificats de leurs chefs attestant leur bonne conduite et leurs belles actions.

Pour les veuves qui demandent des pensions, les pièces qui peuvent constater les services de leur mari , ainsi que les extraits mortuaires et leur acte de mariage.

Pour les enfans dont on sollicite l'admission dans l'une des écoles du gouvernement , leur acte de naissance, un certificat constatant qu'ils ont été vaccinés ou ont eu la petite-vérole , et les pièces qui peuvent établir leurs droits à cette faveur.

Pour les personnes qui demandent des indemnités ou le paiement de sommes dues , les titres qui constatent leurs pertes , ou le double de ceux qui établissent leurs créances.

Celles qui demandent des secours , sont ordinairement obligées de produire des certificats d'indigence et de bonne vie et mœurs.

Toutes ces pièces et toutes celles que l'on peut être dans le cas de fournir à l'appui d'une pétition quelconque , ne pourront être considérées comme authentiques , qu'autant qu'elles sont timbrées , enregistrées , et que les signatures sont légalisées par qui de droit.

Les pièces délivrées par des fonctionnaires publics , ou toutes autres personnes ayant un sceau quelconque , sont affranchies de ces formalités , pourvu qu'elles soient scellées.

Comme les pièces peuvent s'égarer dans les bureaux , et que d'ailleurs on est souvent obligé de revenir plusieurs fois à la charge , il est prudent de garder les originaux , et de n'envoyer que des copies certifiées conformes, et légalisées par une autorité, soit militaire, soit civile, ou par un notaire. Les pièces écrites en langue étrangère doivent être légalisées par l'ambassadeur de France près la cour d'où elles proviennent, traduites en français par un interprète assermenté, et soumises aux autres formalités.

De la marche à suivre pour hâter le résultat des pétitions.

Le fonctionnaire public le plus laborieux, le plus pénétré de l'étendue de ses devoirs, ne suffirait pas à lire toutes les pétitions dont il est accablé, en supposant même qu'il voulût ne pas faire autre chose du matin au soir.

En conséquence, au lieu de lui parvenir directement, elles se rendent d'abord dans un bureau particulier, où elles subissent un premier triage par suite duquel la plupart sont enfouies irrévocablement dans le fatal panier; et il faut convenir que dans ce nombre, il s'en trouve beaucoup qui ne méritaient pas un autre sort.

Le reste, après avoir quelquefois subi un second examen, passe au bout de quelques jours, ou même de quelques semaines, sous les yeux de *Monseigneur*, qui, après les avoir sommairement parcourues, envoie dans les bureaux respectifs celles qu'il juge à propos, afin qu'on lui en fasse un rapport.

L'employé chargé de cette besogne, a toujours un nombre considérable de dossiers en arrière qui doivent passer les premiers : d'ailleurs les journées de bureaux sont toujours très-courtes ; et comme la besogne en question est par elle-même fort ennuyeuse, on n'y va pas trop vite ; et le rapport, sur lequel on doit prononcer, se fait souvent attendre plusieurs mois : trop heureux encore si au moment de songer à s'en occuper, on n'exige pas que vous remplissiez quelques formalités que vous n'aviez pas prévues, et qui vous occasionent encore des retards interminables.

Attendez-vous donc à voir les semaines et les mois s'écouler sans résultat, à moins que, vous armant de patience, et comptant moins sur la justice de votre cause que sur votre propre activité, vous ne laissiez échapper aucun jour d'audience sans assiéger le bureau de celui dont votre sort dépend ; ou que vous ne soyez particulièrement appuyé par quelqu'un de très-influent auprès de lui.

Ne vous laissez pas endormir dans une sécurité pernicieuse après avoir lancé votre factum ; mais si quinze jours, trois semaines ou un mois se passent sans réponse, lancez-en un second, un troisième s'il le faut : quand vous saurez que votre demande a été renvoyée dans les bureaux, ne perdez pas un instant pour connaître l'employé chargé d'en faire le rapport, et mettez en jeu tous les moyens possibles pour vous faire protéger auprès de lui. Quelque bonne tournure que semble prendre votre affaire, ne songez à prendre vous-même un peu de repos que quand vous serez parvenu au terme de vos désirs ; car le moment où l'on se croit le plus assuré du succès, est souvent le plus voisin d'une catastrophe.

Gardez-vous surtout de vous laisser enivrer par ce que l'on appelle en terme de bureaucratie, *l'eau bénite de cour.* Les personnes habituées, pour leur malheur, à postuler, savent s'en méfier, et font bien.

Le proverbe qu'*il vaut mieux s'adresser à Dieu qu'à ses saints*, n'est pas toujours juste en matière de sollicitations : on voit tous les jours des placets chargés d'apostilles des personnages les plus puissans, être rejetés par un simple chef de bureau, auquel un compétiteur plus heureux aura été particulièrement recommandé.

Enfin, il y a encore un ordre hiérarchique dont il ne faut pas s'écarter, toutes les fois que l'on a une demande à faire. Il est vrai que toutes les grâces émanent du chef suprême dans chaque branche d'administration ; mais

il ne les distribue que d'après les rapports qu lu i
sont faits par les chefs respectifs placés sous
ses ordres : c'est donc à eux qu'il faut d'abord
avoir recours.

Ainsi, l'employé qui voudra obtenir de l'avancement ou une récompense, fera parvenir sa
demande par son chef immédiat ; l'officier par
son colonel , etc. ; à moins qu'il ne s'agisse
d'une réclamation contre ce chef , démarche
scabreuse , toutes les fois que l'on n'a pas pour
soi les droits les plus incontestables. Les subalternes qui croient obtenir davantage en s'a-
dressant directement à leur chef suprême, ont
presque toujours lieu de s'en repentir.

CHAPITRE V.

PÉTITIONS AU ROI ET AUX PRINCES.

Toute personne est admise à adresser un placet au Roi, pour lui demander des secours, une pension, un emploi dans sa maison, une faveur quelconque, la grâce ou la commutation de peine d'une personne condamnée. Lorsque l'on postule vainement auprès d'une autorité sans obtenir de décision, on peut supplier S. M. de se faire rendre compte de l'affaire, si elle en vaut la peine.

On peut remettre ces demandes soi-même, si l'on est assez heureux pour se trouver sur son passage, soit dans le trajet de la chapelle à son appartement, et réciproquement ; soit pendant ses promenades. S. M., en passant, prend elle-même le placet ; mais il ne faut pas croire pour cela qu'elle le lise, à moins qu'il ne lui paraisse mériter réellement son attention : elle le remet le plus souvent aux personnes placées auprès d'elle avec ordre de lui en faire un rapport. C'est pourtant toujours un avantage de pouvoir présenter sa pétition soi-même, parce qu'elle risque moins d'être oubliée dans les bureaux de la chambre.

Lorsque l'on ne peut se trouver sur le passage du Roi, on adresse le placet au premier gentilhomme de la chambre avec une lettre d'envoi, pour le prier de le remettre sous les yeux du Roi : on peut aussi employer la voie du ministre que concerne l'affaire.

Les placets et mémoires adressés au Roi par quelque voie que ce soit, sont d'abord portés dans les bureaux du premier gentilhomme de la chambre, qui rejette ceux qui ne lui paraissent pas devoir être pris en considération ; place sous les yeux du Roi, avec un rapport, ceux qui semblent le mériter ; et renvoie les autres à qui de droit.

On reçoit ordinairement, au bout de quelques jours, une lettre du premier gentilhomme de la chambre. C'est alors le cas de s'adresser directement à l'autorité à laquelle le renvoi a été fait, et non plus aux bureaux de la chambre, qui ne peuvent plus rien ; à moins que la réponse se faisant trop attendre, on ne juge à propos d'adresser un nouveau placet au Roi.

Il ne faut pas regarder comme assuré le succès de sa demande, par cela seul qu'elle a été renvoyée des bureaux de la chambre dans ceux de l'autorité compétente :

ce renvoi est une mesure à peu près générale, qui bien souvent n'amène aucun résultat.

On s'adresse aux princes et princesses de la famille royale pour leur demander des secours, des emplois dans leurs maisons ; se plaindre de quelques-uns de leurs agens ; solliciter leur puissante protection auprès du Roi, quand l'on a déjà quelques titres à leur bienveillance particulière. On saisit aussi quelquefois l'occasion favorable de leur présenter une pétition , pour les supplier d'appuyer de leur crédit une demande adressée déjà à une autorité quelconque.

Les pétitions adressées aux princes et princesses de la famille royale doivent être , de même que les placets au Roi , remises en personne , ou adressées au premier gentilhomme , à la première dame , ou au secrétaire des commandemens : elles suivent la même marche que les précédentes.

Pour un officier condamné à mort , pour avoir porté les armes contre la France.

AU ROI.

Sire ,

Un officier français couvert des insignes

de l'honneur, un homme qui affronta la mort sans pâlir sur vingt champs de bataille, vient supplier V. M. de lui accorder la vie.

Condamné à mort par la cour d'assises du département de.... le.... dernier, pour avoir porté les armes contre la France, je viens de voir cette sentence confirmée par la cour de cassation.

Sire, s'il me fallait verser mon sang sous les drapeaux de V. M., ou par la main de mes anciens compagnons d'armes, le ciel m'est témoin que je le verrais couler avec joie. Mais porter sur l'échafaud une tête couverte d'honorables cicatrices !.... Non, Sire, cette idée est mille fois plus affreuse que la mort elle-même.

Plein de confiance dans la clémence de V. M., j'ose espérer, Sire, qu'elle daignera arracher à l'ignominie un vieux soldat, dont le cœur ne cessera désormais de battre pour V. M.

Je suis avec le plus profond respect, Sire,

de Votre Majesté,

Le très-soumis et très-fidèle sujet.

*Pour un officier condamné aux travaux forcés,
pour non révélation.*

AU ROI,

D.... (Paul-Louis), colonel en retraite, officier de la Légion-d'Honneur, détenu à la prison de....

Sire,

Un arrêt de la cour des Pairs me condamne à la peine des travaux forcés pour crime de non révélation dans l'affaire d....

Sire, je l'avoue à Votre Majesté, d'anciens souvenirs m'ont fait prêter un instant l'oreille à d'infâmes provocations : mais, instruit à temps du but de ces coupables manœuvres, je suis aussitôt rentré en moi-même.

Pouvais-je alors désigner au glaive de la loi d'anciens frères d'armes, la plupart plus égarés que coupables ! Non, Sire : les lois humaines me l'ordonnaient ; mais celles de l'honneur ne me le permettaient pas.

Ces considérations et les titres honorables que j'ai l'honneur de placer sous les yeux de V. M., me font espérer, Sire, qu'elle ne souffrira pas qu'un ancien militaire couvert de cicatrices, partage les fers destinés aux plus vils malfaiteurs.

Je suis avec le plus profond respect, Sire,

De Votre Majesté,

Le très-soumis et très-fidèle sujet.

Pour un militaire destitué arbitrairement.

AU ROI.

Sire,

Au mépris de l'article 69 de la Charte, qui assure à tout militaire la conservation de son grade; au mépris des lois militaires, qui veulent qu'aucun officier ne puisse être privé de son état sans jugement préalable, un arrêté du ministre de la guerre, en date du..., me destitue tout à la fois de mon emploi de commandant de la place de..., et de mon grade de chef de bataillon ; sans que Son Excellence daigne m'assigner la pension afférente à mon temps de service , ni motiver une décision aussi sévère.

Sire, toute justice émane de V. M. Fort de mon innocence, je viens la supplier, non de me réintégrer dans mon grade ; mais de m'accorder des juges qui , déployant à mon égard toute la sévérité de leur ministère , fassent cesser promptement l'injuste prévention dont je suis l'objet.

Je suis avec le plus profond respect, Sire,

De Votre Majesté ,

Le très-fidèle sujet.

Pour un étranger chassé arbitrairement de la France, qui demande l'application en sa faveur de la loi sur les étrangers.

AU ROI.

Sire ,

La loi du 14 juillet 1819 , en abolissant le droit d'aubaine, semblait promettre aux étrangers domiciliés en France , la même protection qu'aux sujets français.

Plein de cette conviction , je vendis les propriétés que je possédais dans ma patrie , et vins , sans autre motif qu'une profonde admiration pour la France et pour ses institutions , m'établir dans la ville de...; où , le... 1821 , j'achetai pour la somme de...., un emplacement sur lequel j'ai fait élever pour plus de.... fr. de constructions nouvelles.

Je n'ai cessé depuis lors , de me conformer scrupuleusement aux lois du royaume , et de remplir exactement toutes les obligations qu'elles m'imposaient.

Cependant , un arrêté de M. le ministre de l'intérieur , en date du..... motivé sur un rapport mensonger du préfet de mon département , m'enjoint de quitter la France dans quinze jours pour tout délai.

Je supplie humblement V. M. , Sire , qu'elle

daigne se faire rendre compte de cette affaire, afin que justice soit rendue à qui de droit, et surseoir en attendant , etc. , etc.

Pour un frère condamné à la peine de mort.

AU ROI.

(*Nom , prénoms , qualités , domicile.*)

Sire ,

J... B... N..., mon frère, vient d'être condamné à la peine capitale par la cour d'assises de ...., pour avoir, le ..... dernier, donné volontairement la mort au sieur .....

Mon malheureux frère ne pouvant plus douter d'un commerce criminel entre son épouse et le sieur..., avait plusieurs fois demandé vainement à celui-ci la seule réparation que son honneur pût accepter. Poussé au désespoir par un affront qui détruisait sans retour le bonheur domestique dont il avait joui jusque-là, et ne pouvant se résoudre à publier sa honte devant les tribunaux, il attaqua son ennemi en plein jour dans la rue, et lui plongea un poignard dans le cœur.

Sire, le même coup qui frapperait mon malheureux frère, précipiterait dans la tombe un père et une mère accablés d'années et de douleur, et couvrirait d'opprobre une famille respectable.

Ah! Sire, daignez user en faveur de mon frère du droit le plus cher à votre cœur: je vous en conjure par les cheveux blancs de ces respectables vieillards ; par les larmes innocentes de deux enfans en bas âge, qui ne cesseraient de redemander à leur coupable mère le sang d'un père qu'ils auront à peine connu ; enfin par celui que j'ai eu moi-même le bonheur de verser pour le service de Votre Majesté.

Je suis, avec le plus profond respect,

Sire,

De Votre Majesté, etc.

Pour une femme qui demande la grâce de son mari.

AU ROI.

(*Nom, prenoms, domicile.*)

Sire,

Un père au désespoir, une épouse éplorée et trois enfans en bas âge, se jettent aux pieds de Votre Majesté pour réclamer un fils, un époux, un père, que la cour d'assises de . . . . . . vient de condamner à la peine de mort, pour . . . .

Dans vingt-quatre heures mon époux aura cessé de vivre ; l'opprobre et la misère deviendront le partage de ses malheureux enfans. Daignez, Sire, ah! daignez suspendre le coup prêt à le frapper ; rendez à la société un homme qu'une fatale circonstance poussa au crime malgré lui, et qui ne cessera désormais de donner l'exemple de toutes les vertus.

J'attends, dans une angoisse mortelle, le **mot** de *grâce* qui, je n'en doute pas, va sortir **de** la bouche de Votre Majesté.

Et suis avec le plus profond respect,

Sire,

De Votre Majesté, etc.

Autre pour le même objet.

Sire,

B.... M...., mon mari, vient d'être condamné à mort par la cour d'assises de ....., pour avoir ....

Depuis trois jours l'arrêt fatal est confirmé par la cour de cassation ; depuis trois jours je cherche vainement l'occasion de me jeter aux pieds de Votre Majesté avec trois enfans en bas âge ; et demain, dans quelques heures, l'horrible sentence sera exécutée.

Un mot de la bouche de **Votre Majesté** peut sauver mon mari. Daignez, Sire, le prononcer ; ah ! daignez accueillir avec bonté une épouse au désespoir, et rendre au bonheur une famille qui ne cessera de bénir le nom de **Votre Majesté**.

Je suis, etc.

Pour demander la grâce d'un fils.

AU ROI.

(*Nom, prénoms, etc.*)

Sire,

F.... J...., soldat au régiment de ...., vient d'être condamné à la peine de mort par le conseil de guerre de la ... division militaire, pour avoir, dans un mouvement de colère, frappé d'une manière grave, il est vrai, son (*désigner le grade.*)

Sans doute les lois militaires sont positives à cet égard, et mon fils a encouru la peine qui lui a été appliquée; mais il a été provoqué à cet acte d'insubordination par la conduite brutale de ce sous-officier, qui eût été infailliblement puni lui-même si mon fils, au lieu de se laisser aller à la vivacité naturelle de son caractère, se fût plaint à ses chefs.

Veuillez donc, Sire, prenant en considération cette circonstance, et l'excellente conduite de mon fils attestée par les plus honorables témoignages, rendre à ses drapeaux un jeune soldat qui ne cessera d'être, jusqu'au dernier soupir, l'un des plus fidèles serviteurs de Votre Majesté.

Je suis, etc.

Autre pour le même sujet.

AU ROI.

(*Nom, prénoms, etc.*)

Sire,

Un jeune homme, élevé jusqu'à présent dans les principes de l'honneur et de la vertu, qui ont été de tout temps ceux de sa famille, se trouve, par suite d'une passion funeste dont je n'avais pas soupçonné l'existence, ravalé au rang des plus vils criminels.

B.... D...., mon fils, ayant été entraîné par quelques jeunes gens de son âge dans un de ces lieux abominables ouverts à la cupidité et au désœuvrement, y prit bientôt le goût du jeu; et l'argent que je lui donnais, ainsi que tout celui qu'il put emprunter de ses amis, ne tarda pas à être englouti dans ce gouffre.

Enfin, ne sachant comment sortir du précipice où il s'était plongé, et, plein de l'idée qu'il était sur le point de faire changer la fortune s'il pouvait avoir les moyens de poursuivre une chance qu'on lui avait indiquée, il s'introduisit par escalade, dans la nuit du ..., chez M...., et enleva, avec effraction, une somme de ..... en diverses valeurs.

Les débats de la cour d'assises de ....., devant laquelle il a été traduit pour ce fait, ont

prouvé que mon fils, en commettant ce crime,
n'en connaissait pas toute l'énormité ; et qu'il
avait réellement l'intention de renoncer pour
toujours au vice dont il avait fait un si funeste
apprentissage, après qu'il aurait réparé ses
pertes. La cour l'a néanmoins condamné à . . .
de travaux forcés, et à la flétrissure.

Dans l'affreuse position où cette affaire me
plonge, je viens, Sire, me jeter aux pieds de
Votre Majesté ; pour la supplier d'accorder à
mes cheveux blancs la grâce d'un fils que cette
leçon terrible ramènera pour toujours à la vertu,
et que la société de criminels endurcis dans le
vice, suffirait peut-être pour pervertir sans retour.

Je suis, avec un profond respect,

      Sire,

      De Votre Majesté, etc.

*Pour demander la grâce d'une fille condamnée à
mort pour infanticide.*

AU ROI.

(*Nom, prénoms, etc.*)

    Sire,

V . . . . . . E . . . ., ma fille, vient d'être condamnée à la peine de mort par la cour d'assises
de . . . ., pour avoir sciemment donné la mort
à un enfant du sexe . . . . . ., dont elle venait
d'accoucher.

Abusée par un infâme suborneur, cette jeune personne, qui avait été jusque là l'orgueil de sa famille et l'exemple de ses compagnes, ne tarda pas à sentir la première conséquence de sa faute. Le sentiment de la honte qui allait la couvrir, la crainte du courroux d'un père naturellement sévère sur les lois de l'honneur; mais plus encore les conseils criminels de son séducteur, achevèrent d'égarer la raison de ma malheureuse fille au point de la porter à détruire le fruit de sa faiblesse.

Sire, que Votre Majesté ne soit pas insensible aux larmes d'une mère et à la douleur d'une famille respectable. Rendez à leur tendresse une fille dont tous les instans seront employés à expier son crime; et qui ne cessera, ainsi que sa mère, de bénir le nom de Votre Majesté.

Je suis, avec le plus profond respect,
Sire, etc.

Pour demander la grâce d'un père.

AU ROI.

(*Nom, prénoms, etc.*)

Sire,

J'implore la clémence de Votre Majesté en faveur d'un père condamné à la peine de . . . . par la cour de . . . . . , pour . . . .

Sans doute, Sire, mon père est coupable ; je ne puis malheureusement me le dissimuler : mais que Votre Majesté daigne considérer que le désespoir de ne pouvoir plus, par suite de . . . . ., procurer le strict nécessaire à une épouse valétudinaire et à une famille nombreuse, a seul porté mon père à commettre ce crime.

Le désespoir de six jeunes enfans, celui de leur mère ; et surtout le souvenir de cinquante années d'honneur et de probité, me sont de sûrs garans, Sire, que Votre Majesté ne rejettera pas mon humble supplique.

Je suis, avec le plus profond respect,

   Sire, etc.

Pour demander la commutation de la peine du bannissement en celle d'une simple détention.

AU ROI.

Sire,

Claude Michel B. . ., (*qualités*) convaincu par la cour de . . . . . du crime de . . . ., vient d'être condamné au bannissement perpétuel (*ou à la déportation*) à . . .

Sans chercher à atténuer le crime dont il s'est rendu coupable, je prends, Sire, la respectueuse liberté d'exposer à Votre Majesté, qu'attendu la faible constitution de mon malheureux ami (*ou de mon mari*), cette peine équivaudra pour lui à celle de la mort.

Son épouse au désespoir, ses enfans désolés, se joignent à moi, Sire, pour supplier Votre Majesté de prendre en considération, dans sa clémence, la réputation dont cet infortuné père de famille avait joui jusqu'ici, la sincérité de son repentir ; et de daigner commuer sa peine en celle qu'il plaira à Votre Majesté de fixer.

Je suis, avec le plus profond respect,

Sire,

De Votre Majesté, etc.

Pour demander la réduction de peine d'un condamné.

AU ROI.

(*Nom, prénoms, etc.*)

Sire,

N . . . . . , mon fils (*qualités*), condamné par le conseil de guerre de . . . . . à trois années de boulet, a déjà subi un an de sa peine, et deux années lui restent encore à faire.

Un mot de votre bouche, Sire, peut faire tomber ses fers et rendre mon fils à ses drapeaux : c'est cette faveur qu'une mère affligée ose implorer de la clémence de Votre Majesté : daignez l'accorder, Sire ; et ce fils, l'unique espoir de ma vieillesse, versera avec joie son sang, s'il le faut, pour réparer la faute qu'un instant d'erreur lui a fait commettre.

Pleine de confiance dans la clémence inépuisable de Votre Majesté,

Je suis, avec un profond respect,

Sire,

De Votre Majesté, etc.

Pour demander la grâce d'une détenue.

AU ROI.

(*Nom, etc.*)

Sire,

A..... B....., ma fille, âgée de....., servait chez le sieur..... en qualité de..... Sa jeunesse et une physionomie agréable inspirèrent à cet homme, quoique père de famille, des désirs que la vertu de ma fille ne lui laissa aucun espoir de satisfaire.

Furieux de voir ses poursuites et ses offres méprisées, ce monstre trouva le moyen de glisser furtivement dans les effets de sa victime des objets de prix à lui appartenant; courut chercher des témoins, et la traduisit aussitôt devant le tribunal de police correctionnelle.

Toutes les apparences se réunissaient contre ma malheureuse fille : la candeur de ses réponses, ses larmes, celles de sa famille, et les témoignages les plus incontestables d'une conduite à l'abri de tous reproches, ne purent la soustraire à la rigueur des lois. Elle fut condamnée à cinq ans de réclusion, et sa pauvre mère ne survécut que de peu de jours à ce coup affreux.

Ma fille infortunée, détenue depuis deux ans dans la maison de....., fait, par sa douceur, sa résignation, son assiduité au travail, l'édification des misérables qui habitent ce triste séjour, et a su mériter l'estime et la bienveillance de ses surveillans.

C'est à ces titres, Sire, qu'un père infortuné ose supplier Votre Majesté de rendre à la liberté une jeune fille qui, malgré l'odieuse prévention qui pèse aujourd'hui sur elle, pourrait dès à présent former un établissement avantageux, si Votre Majesté daigne mettre fin à sa peine.

Je suis, avec le plus profond respect, etc.

Pour demander un changement de lieu de déportation.

AU ROI.

(*Nom, prenoms, etc.*)

Sire,

Père de famille, comblé des bienfaits de Votre Majesté, ces titres n'ont pu m'empêcher de me rendre coupable en publiant un écrit qui n'attaque en rien, il est vrai, l'auguste personne de Votre Majesté, pour laquelle je professe et professerai toujours un respect à toute épreuve ; mais qui blesse les lois de l'état.

Ces lois ont dû me punir, et le tribunal de . . . . . m'a condamné, le . . . . ., à dix années de déportation à . . . .

Je ne murmure point contre cette sentence ; elle est juste. Mais, Sire, une épouse à la fleur de l'âge, trois enfans presque au berceau, dont je suis l'unique soutien, peuvent-ils être punis de ma faute en partageant l'affreux séjour qui m'est assigné ?

Non, Sire, Votre Majesté ne le souffrira pas : si elle veut que je subisse ma peine tout entière, elle daignera du moins, j'en ai la conviction, changer le lieu de mon exil en celui de . . . ., qui offrira à ma malheureuse famille un climat plus doux et des moyens d'existence plus faciles.

J'attends, dans l'anxiété la plus vive, mais avec confiance, la décision de Votre Majesté.

Et suis avec le plus profond respect,

  Sire , etc.

  Pour demander une place.

AU ROI.

 Sire ,

J. B. M. (*lieu et date de naissance , domi-*

cile) supplie humblement Votre Majesté de daigner lui accorder l'une des places de...., de...; ou telle autre qu'il plaira à Votre Majesté.

Les bons et loyaux services de feu son père, employé pendant.....en qualité de....; le zèle et l'assiduité qu'il mettrait lui-même dans l'exercice des fonctions qn'il plairait à V. M. lui confier, permettent à l'exposant d'espérer que V. M. daignera lui octroyer sa demande.

Il est avec le plus profond respect,

Sire,

Votre très-humble et très-fidèle sujet.

Autre pour le même objet.

AU ROI.

(*Nom*, *prénoms*, etc.)

Sire,

Un père de famille qui a porté pendant.... les armes pour le service de la France, et que d'honorables blessures (*ou tel autre motif*) ont arrêté au milieu de sa carrière, supplie humblement Votre Majesté de lui accorder la place de...., vacante par le décès du sieur...., qui l'occupait (*ou qui est sur le point de va-quer par tel autre motif*) ; et que ses con-naissances le mettent à même de remplir convenablement (*ou* dans laquelle il espère pouvoir encore servir utilement V. M.)

Cette faveur lui serait d'autant plus précieuse, qu'elle lui fournirait les moyens de mettre ses enfans en état de servir un jour Votre Majesté.

Il est avec respect, Sire,

De Votre Majesté,

Le très-humble serviteur et fidèle sujet.

Pour un fonctionnaire destitué.

AU ROI.

(*Nom*, *prénoms*, etc.)

Sire,

Une ordonnance de. . . ., en date du. . . , qui me prive de. . . ., me porte un coup d'autant plus sensible, que Votre Majesté avait daigné me nommer elle-même à cette place, dont la perte m'enlève d'ailleurs tous moyens d'existence.

Dix-huit années de services tant dans cette place que dans celle de . . . . ; une intégrité à toute épreuve ; une exactitude rigoureuse à remplir mes devoirs, n'ont pu me sauver cette disgrâce, dont je ne puis même soupçonner le motif, son excellence n'ayant jugé à propos de répondre à aucune des lettres que j'ai eu l'honneur de lui écrire. (*Relater les dates.*)

Dans cette perplexité, je supplie humblement Votre Majesté de daigner se faire rendre compte de ma gestion, de ma conduite privée et publique, des notes de mes chefs : V. M. reconnaîtra par là que les rapports qui peuvent avoir provoqué ma destitution, sont sans fondement, et que je n'ai pas cessé un instant de mériter la confiance dont Votre Majesté m'avait honoré.

Alors, j'en suis sûr, Votre Majesté daignera me faire rendre la justice que je sollicite dès à présent de ses bontés, en me réintégrant dans mes fonctions.

Je suis avec le plus profond respect,

Sire ,

De Votre Majesté ,

Le très-fidèle sujet.

Pour un militaire qui demande la croix.

AU ROI.

(*Nom, prénoms,* etc.)

Sire ,

Un soldat français qui compte vingt années de services ; qui s'est trouvé à douze siéges et dix-huit combats mémorables ; dont la conduite sous les drapeaux a toujours été irréprochable, et que la perte d'un membre force à la retraite ; supplie respectueusement Votre Majesté de lui accorder la croix d'honneur.

Sire, si sa demande n'est appuyée spécialement sur aucune action éclatante, c'est que les occasions ne se sont pas présentées, et les cicatrices dont son corps est sillonné, attestent du moins qu'il ne les a pas évitées.

La décoration qu'il sollicite comblerait ses vœux les plus chers, et lui rappellerait à chaque instant les bienfaits de V. M.

Il est avec le plus profond respect,

Sire,

De Votre Majesté, etc.

Pour demander des Lettres de naturalisation.

AU ROI.

(*Nom, prénoms,* etc.)

Sire,

Appelé par le chef de l'ancien gouvernement à faire partie de l'armée française, avec le régiment de ma nation, dans lequel je servais dans le grade de...., j'ai combattu sous les drapeaux français depuis...., jusqu'au....

Retiré depuis cette époque dans la commune de...., j'y ai épousé...., dont j'ai eu plusieurs enfans : jaloux de leur assurer un jour le titre de citoyens français, et désirant former un établissement de commerce important , j'ai l'honneur de supplier V. M. de daigner m'accorder des lettres de naturalisation.

Si la France n'est pas ma véritable patrie , elle est celle de mon adoption , et Votre Majesté n'aura pas de sujet plus fidèle ni plus dévoué que moi.

J'ai l'honneur d'être avec un profond respect,

Sire ,

De Votre Majesté ,

Le très-humble et très-obéissant serviteur.

Autre pour le même objet.

A Sa Majesté le Roi de France et de Navarre.

(*Nom* , *prénoms* , etc.)

Sire ,

Marié le. . . . à une Française (*indiquer son nom* , *le lieu de naissance* , etc.) , je reçois la nouvelle que mon beau-père, domicilié à...., vient de mourir, laissant une fortune considérable , dont ma femme est seule héritière , et des affaires majeures à suivre.

Désirant soigner par moi-même les intérêts de mon épouse , ceux de ses enfans , et prendre d'ailleurs la suite des affaires commerciales de mon beau-père ; je supplie respectueusement V. M. de daigner m'accorder la permission

de m'établir eu France , et des lettres de naturalisation.

En attendant cette faveur, je suis avec le
plus profond respect ,

Sire ,

De Votre Majesté ,

Le très-humble et très-obéissant serviteur.

*Pour demander l'autorisation d'aller former un
établissement chez une puissance étrangère.*

AU ROI.

(*Nom* , *prénoms* , etc.)

Sire ,

Le gouvernement du royaume de. . . . , l'un
de vos fidèles alliés , voulant mettre à profit les
ressources précieuses de son sol pour l'exploitation de. . . , genre d'industrie auquel la France
paraît peu propre jusqu'à présent , me fait des
offres avantageuses pour m'engager à m'aller
mettre à la tête de cette entreprise.

Moins sensible cependant aux avantages personnels que m'offrirait l'exécution de ce projet ,
que frappé de ceux que notre commerce en
retirerait , je supplie V. M. de daigner m'accorder l'autorisation néce-saire.

Je suis avec le plus profond respect ,

Sire ,

De Votre Majesté , etc.

4*

Pour demander l'autorisation de se faire natura-
liser en pays étranger.

A Sa Majesté , etc.

Sire ,

N . . . . , domicilié à . . . . , royaume de...., supplie humblement V. M. de lui accorder la faculté de se faire naturaliser citoyen dudit royaume.

Il en coûte à son cœur pour renoncer ainsi à toujours à sa véritable patrie; mais, propriétaire d'un établissement important qui excite l'envie des naturels du pays ; marié sur les lieux et père de famille ; les tracasseries de toute nature auxquelles l'exposent sa qualité d'étranger , le forcent à faire le sacrifice qu'il s'impose en ce moment , pour ne pas compromettre la fortune de sa femme et de ses enfans.

La légitimité de ces motifs le porte à espérer, Sire , que V. M. accueillera favorablement sa demande.

Il est avec le plus profond respect ,

Sire ,

De Votre Majesté , etc.

*D'un maire qui demande des secours pour sa
commune incendiée.*

AU ROI.

Le maire de la commune de...., canton
de...., arrondissement de...., département de....

Sire,

Je prends la respectueuse liberté d'exposer à
Votre Majesté : que, dans la nuit du... au....
du courant, le feu s'étant déclaré tout à coup
dans la maison du sieur...., située presqu'au
centre de la commune, l'incendie, favorisé
par un vent des plus impétueux, eut bientôt
atteint toutes les habitations voisines.

Les secours, il est vrai, furent prompts ;
mais le manque d'eau, l'obscurité de la nuit,
le genre de construction des bâtimens incendiés ;
tout, en un mot, s'est réuni pour rendre les efforts impuissans ; et quelques heures ont suffi
pour faire de cette commune, naguère si po-
puleuse, un vaste monceau de cendres.

Ustensiles, meubles, bestiaux, récoltes,
tout a été consumé ; plusieurs personnes ont
péri ; la population entière se trouve réduite au
désespoir. Là, des malheureux assis sur les dé-
bris de leur cabane, arrosent de larmes une
terre qui ne leur offre plus de ressources, ou

fouillent des décombres brûlantes pour y chercher les corps de leurs parens, de leurs amis :
là, des groupes de femmes, d'enfans, sans
asile, sans vêtemens, sans pain, couvrent les
chemins pour implorer la commisération des
passans.

Après avoir vu ma propre fortune engloutie
dans le désastre général, il ne me reste aucun
autre moyen de secourir mes malheureux concitoyens, que de placer sous les yeux de Votre
Majesté le tableau déchirant, mais trop vrai,
de leur infortune.

Daignez, Sire, faciliter aux habitans de. . . .
les moyens de relever leurs chaumières ; daignez arracher au désespoir et à la mort, deux
cents pères de famille qui ne peuvent plus
trouver de ressources que dans la munificence
royale.

Je suis avec le plus profond respect,

Sire ,

De Votre Majesté,

Le très-soumis et très-fidèle sujet.

Nota. Les pétitions du genre de celle-ci sont
renvoyées au ministre de la maison du Roi, et
expédiées assez promptement. Quant aux demandes particulières de secours, elles vont
du bureau de la chambre dans ceux de la maison du Roi ; de ceux-ci dans ceux de la grande

aumônerie, où l'on exige ordinairement des certificats d'indigence et de bonne conduite ; à moins que S. M. ne daigne accorder directement ce secours sur les fonds de sa cassette.

Pour une veuve qui demande des secours.

AU ROI.

Sire ,

Veuve d'un époux que j'ai eu le malheur de perdre le..., à la su te d'..., je n'ai plus aujourd'hui d'autre ressource pour faire subsister deux enfans en bas âge , que le travail de mes mains , déjà affaiblies par la souffrance et les chagrins.

Dans l'horreur de ma position , je me jette aux pieds de Votre Majesté , pour la supplier de daigner m'accorder un secours qui me permette tout à la fois de subvenir aux premiers besoins de mes enfans, et de travailler d'une manière plus fructueuse à les préserver de la misère.

Pleine de confiance dans l'inépuisable bienfaisance de Votre Majesté, j'ose espérer qu'elle daignera agréer ma demande.

Je suis avec le plus profond respect,

Sire ,

De Votre Majesté ,

La très-soumise et très-fidèle sujette.

Pour une veuve qui demande une pension.

AU ROI.

Sire,

Marie Clothilde B...., née à...., le...., domiciliée aujourd'hui à...., expose humblement à Votre Majesté :

Que veuve de...., tué à...., le...., il ne lui reste aujourd'hui d'autre moyen d'existence que.....: elle prend en conséquence la respectueuse liberté de solliciter des bontés de Votre Majesté, une pension qui la mette à même de pourvoir à ses premiers besoins.

Les services que feu son mari fut assez heureux pour rendre à l'auguste dynastie des Bourbons, dans des momens difficiles, et la mort glorieuse qui les a couronnés, portent l'exposante à espérer que Votre Majesté daignera ne pas rejeter sa demande.

Elle est avec le plus profond respect,

Sire,

De Votre Majesté,

La très-soumise et très-fidèle sujette.

Pour un ancien serviteur qui demande une pension.

AU ROI.

(Nom, prénoms, profession et domicile.)

Sire,

J'ai l'honneur d'exposer à Votre Majesté, qu'attaché avant la révolution à son auguste personne, en qualité de...., il ne me fut pas permis de la suivre dans ces jours de douloureuse mémoire.

Resté en France sans autre ressource que mes modiques épargnes, j'étais parvenu jusqu'ici, avec beaucoup de peine, à faire subsister ma famille à l'aide de mon travail.

Mais aujourd'hui, accablé d'années et obligé de soutenir une épouse infirme depuis long-temps, je me vois forcé, Sire, à supplier Votre Majesté de daigner m'accorder une pension qui nous permette d'achever paisiblement notre carrière.

Je sens que la durée de mes services me donne peu de droits à cette faveur; mais j'ose espérer, Sire, que le dévouement de toute ma famille à votre auguste personne, et l'état de dénuement où je suis à la veille de me trouver , me donneront des titres suffisans à la bienveillance de V. M.

Je suis avec le plus profond respect , Sire ,

De Votre Majesté ,

Le très-soumis , etc.

Pour un pensionnaire qui demande une augmentation.

AU ROI.

Sire ,

Pierre-François . . . . , pensionnaire , demeurant . . . . , expose humblement à Votre Maj sté :

Qu'il possédait autrefois , en qualité de . . . . , une pension de . . . . sur le trésor royal , et une de . . . . . , sur . . . . : réduit aujourd'hui à . . . . francs de pension sur la cassette royale , il sollicita des bontés de feu votre auguste prédécesseur , une augmentation , motivée sur son grand âge et sur les infirmités dont il est accablé.

Incertain sur le sort de cette demande , et enhardi par les innombrables bienfaits qui signalent chaque jour l'heureux avènement de Votre Majesté , il ose la supplier de daigner l'y faire participer.

Il est avec le plus profond respect ,

Sire ,

De Votre Majesté , etc.

Pour une femme qui demande une pension pour son mari.

AU ROI.

(Nom , prénoms et domicile.)

Sire ,

Admis à l'honneur de présenter à Votre Majesté , le. . . . , un ouvrage intitulé. . . . , mon mari sollicita humblement des bontés de Votre Majesté , une pension , motivée sur des malheurs qui ont détruit sa santé et anéanti nos moyens d'existence.

Ce placet , envoyé par ordre de Votre Majesté au ministre de sa maison , est resté sans réponse.

Une maladie des plus graves, qui tient depuis deux mois mon mari éloigné de ses affaires , rendant notre position plus affligeante de jour en jour , je prends à mon tour , Sire , la respectueuse liberté d'implorer les bienfaits de Votre Majesté.

Je suis avec le plus profond respect ,

Sire ,

De Votre Majesté.

Nota. Les demandes de pensions sont successivement renvoyées, des bureaux de la chambre et de ceux du ministère de la maison du Roi ,

dans ceux du premier valet de chambre du Roi
chargé de la cassette, ou de l'intendant de la
liste civile, selon que la pension demandée
concerne l'une ou l'autre caisse. Mais le travail
n'est mis sous les yeux du Roi qu'au 1er janvier;
encore est-il rarement favorable aux solliciteurs, attendu le grand nombre de charges de
ce genre dont les finances du Roi sont grévées.
Il existe depuis peu une commission *des se-*
cours et pensions, chargée de l'examen des
demandes de ce genre, et dont la composition
est une garantie pour les pauvres solliciteurs.

Pour une femme qui profite de la fête du Roi pour
demander la liberté de son mari détenu pour
dettes.

AU ROI.

(*Nom, prénoms et domicile.*)

Sire,

B.... F... D...., mon époux, gémit depuis .... dans la prison de ...., où il est détenu par suite d'une condamnation de la somme
de ...., obtenue contre lui par le sieur .....
Je ne chercherai point à contester la légitimité d'une créance provenant en grande partie
de la cumulation d'intérêts usuraires; mais j'ex-
poserai humblement à Votre Majesté que mon
époux, jeune encore et plein d'activité, ne tar-

derait pas à réparer par son travail, des malheurs qui ne peuvent sous aucun rapport lui être imputés, tandis que l'obstination de son créancier acheverait de les combler sans aucune utilité pour lui.

Daignez donc, Sire, rendre mon époux à ses affaires, à sa famille, en le désignant parmi ceux dont les bienfaits de Votre Majesté vont briser les fers; et puisse la fête de Votre Majesté être pour nous un jour de consolation, comme elle est pour la France entière celui du bonheur.

Je suis avec le plus profond respect,

Sire,

De Votre Majesté etc.

Pour un ancien serviteur qui réclame une indemnité.

AU ROI.

(*Nom, prénoms, qualités, domicile.*)

Sire,

Après avoir vu mon père massacré dans mes bras à la fatale journée du . . . . . , et reçu moi-même plusieurs blessures graves qui ne me permirent pas de fuir une terre inondée du sang de ma famille, je n'échappai que par une sorte de miracle à la mort qui me menaçait. Mais la modeste propriété que je possédais à

. . . . . fut incendiée et rasée jusqu'aux fonde-
mens.

Forcé pendant plusieurs années de cacher ma
tête, je ne retrouvai plus ni foyers, ni parens,
ni amis, et je n'ai cessé depuis lors de mener
une vie languissante en proie à la douleur et aux
privations.

Le retour de Votre Majesté et de son auguste
famille, combla de joie les vieux serviteurs de la
monarchie ; mais les victimes de la révolution
étaient trop nombreuses pour être toutes sou-
lagées : je fus du nombre des oubliées.

Aujourd'hui que les douceurs d'une longue
paix permettent enfin à Votre Majesté de réparer toutes les infortunes, je la supplie humblement de me faire participer aux bienfaits de
la loi relative aux anciens propriétaires émigrés, puisque je n'ai pas été moins malheureux
qu'eux.

Je suis avec le plus profond respect,

    Sire,

        De Votre Majesté, etc.

A un prince pour demander une pension.

A Son Altesse Royale, etc.

(*Nom, prénoms, domicile.*)

    Monseigneur,

Une veuve dont le mari a péri au service de

Votre Altesse Royale (*indiquer l'époque et la circonstance*) vient implorer votre munificence.

Mère de six enfans, dont le plus jeune est au berceau, et l'aîné atteint à peine sa . . . année ; privée de toute ressource par la mort d'un époux dont le travail soutenait cette nombreuse famille, je supplie humblement Votre Altesse de daigner m'accorder une pension, qui allége un peu les charges que la mort de mon mari m'a laissées.

Monseigneur, que Votre Altesse . . . ne soit pas insensible au tableau déchirant de la famille d'un de ses plus fidèles serviteurs, réduite à la mendicité si elle ne daigne la secourir : ma reconnaissance sera sans bornes, et chaque jour de ma vie sera consacré à bénir Votre Altesse Royale.

Je suis, etc.

Autre pour le même objet.

A Son Altesse , etc.

Monseigneur,

P. . . L. . . , garde-chasse de Votre Altesse . . . . , prend la respectueuse liberté de lui exposer,

Que le . . . , à . . . heures du . . . , apercevant deux braconniers dans le bois de . . . , appartenant à Votre Altesse Royale, il les somma de se retirer : que sur leur refus il se disposait à les y contraindre, lorsque l'un des deux lui tira, presque à bout portant, un coup de fusil qui le prive pour toujours de l'usage de l'œil droit.

Cet accident, joint à d'autres blessures, le mettant dans l'impossibilité de continuer ses fonctions, il supplie humblement Votre Altesse . . . . . . de daigner lui accorder sa retraite et une pension.

Vingt années de services, le malheur qu'il vient d'éprouver ; mais, plus que tout cela, l'humanité de Votre Altesse, permettent à l'exposant d'espérer que sa demande ne sera pas rejetée.

Il est avec le plus profond respect, etc.

Pour demander des secours.

A Son Altesse . . . . .

(*Nom, prénoms, etc.*)

Monseigneur,

J'ai l'honneur d'exposer à Votre Altesse . . . que, ruiné sans espoir par un incendie qui a dévoré le . . . . ., avec la maison que j'habitais à . . . . ., tout ce que je possédais, j'ai vu consumer mes dernières ressources par une maladie de . . . . mois, fruit des chagrins et d'un travail au-dessus de mes forces.

Réduit aujourd'hui au faible produit du travail de mon épouse, et dénué de tous autres moyens d'existence, je supplie humblement Votre Altesse Royale de daigner m'accorder un secours qui me permette de chercher dans mon industrie une existence moins précaire.

Monseigneur, Votre Altesse .... n'a jamais été sourde à la voix du malheur. Ce n'est pas en vain que j'aurai imploré sa bienfaisance dans l'anxiété où je me trouve.

J'ai l'honneur d'être avec le plus profond respect,

Monseigneur,
De Votre Altesse,
Le très-humble et très-obéissant serviteur.

Autre pour le même objet.

A Son Altesse .... Madame la Duchesse
(*ou la princesse*) de .....

(*Nom, prénoms, etc.*)

Madame,

Une infortunée déjà mère de deux enfans, et prête à le devenir du troisième, est plongée dans la détresse la plus affreuse par suite de la perte qu'elle vient de faire de son mari.

Hors d'état de se procurer les objets de première nécessité pour le moment terrible où elle va se trouver, elle supplie humblement Votre

Altesse . . . . de lui accorder quelques secours, qui la mettent en état de pourvoir aux frais de ses couches, et lui permettent d'allaiter son enfant.

Madame, Votre Altesse . . . . . est la mère de tous les malheureux qui peuvent parvenir jusqu'à elle ; j'ose donc espérer qu'elle accueillera avec bonté la prière d'une pauvre mère de famille, qui ne cessera de bénir le nom de Votre Altesse . . . . . .

Je suis avec le plus profond respect,

Madame,

De Votre Altesse . . . . .

La très-humble et obéissante servante.

A une princesse pour réclamer sa protection.

A SON ALTESSE, etc.

(*Nom, prénoms, etc.*)

Madame,

Une femme désolée dont le mari vient d'encourir la disgrâce de l'auguste époux de Votre Altesse . . . . . , se jette à vos pieds pour implorer votre bienveillante intercession.

N. . . . , mon mari, employé dans la maison de Monseigneur en qualité de . . . . ., vient de perdre sa place pour avoir . . . . . : cette faute, je le sais, est inexcusable, et mon mari lui-même la déplore amèrement ; mais sa conduite antérieure pendant . . . . années de service, et l'estime de ses supérieurs qu'il a toujours su mériter, prouvent qu'il n'a pu se rendre coupable que dans un de ces momens d'erreur, qui sont malheureusement inséparables de la faiblesse humaine.

Forte de cette considération, et enhardie par les bontés particulières de Votre Altesse . . . . , j'ose la supplier humblement de déposer aux pieds de son auguste époux le repentir amer de mon mari ; et d'employer sa puissante médiation pour nous faire réintégrer dans cette place, notre seule ressource.

Ce bienfait serait un nouveau titre à la reconnaissance et au dévouement d'une famille qui tiendrait toute son existence de Votre Altesse . . . . .

J'ai l'honneur d'être, etc.

Pour demander une place.

A Son Altesse . . . .

(*Nom, prénoms, etc.*)

Monseigneur,

Informé que l'emploi de . . . . . vient de vaquer dans votre maison par la mort de . . . . , je supplie Votre Altesse . . . . . de daigner m'accorder avec cet emploi, l'honneur que j'ambitionne depuis si long-temps d'être attaché à son auguste personne.

Les titres que j'ai l'honneur de déposer ci-joint sous les yeux de Votre Altesse, lui prouveront, je l'espère, que je ne suis indigne de cette faveur ni sous le rapport des connaissances, ni sous celui de la moralité.

Je suis avec le plus profond respect,

Monseigneur,

De Votre Altesse, etc.

Pour obtenir l'éducation gratuite d'un enfant.

A SON ALTESSE.

(*Nom, prénoms, etc.*)

Monseigneur,

Père de huit enfans, dont la place que j'ai le bonheur d'occuper dans la maison de Votre Altesse . . . . est la seule fortune, je me vois, avec le plus vif chagrin, dans l'impossibilité absolue de cultiver les heureuses dispositions de l'un d'eux pour l'étude de . . . .

La bienveillance particulière dont Votre Altesse m'a donné plusieurs marques, m'enhardit à la supplier humblement de daigner faire élever cet enfant à ses frais.

Ce nouvel acte de bonté ne pourra rien ajouter aux sentimens que j'ai voués pour la vie à Votre Altesse . . . . ; mais il comblera le vœu le plus cher de mon cœur.

Je suis avec le plus profond respect,

Monseigneur,

De Votre Altesse, etc.

Pour demander une réduction de bail et des repa-rations.

A Son Altesse . . . . .

(*Noms, prénoms, etc.*)

Monseigneur,

Fermier du domaine de . . . ., appartenant à Votre Altesse, et que j'occupe par bail de . . . années, en date du . . . ., et moyennant un fermage de . . . ., je sollicite depuis six mois, de l'intendant des domaines de Votre Altesse . . . ., une réduction annuelle de . . . . . sur le prix de mon bail, motivée sur . . . . ; et la ré-paration de la principale grange, détruite presqu'entièrement par le feu du ciel dans la nuit du . . . .

Loin de faire droit à mes justes réclamations, cet homme m'a signifié de la manière la plus grossière, que je n'obtiendrais rien de lui, et qu'il ne m'accorderait pas même la moindre facilité pour le paiement des fermages, quelque événement qu'il pût m'arriver.

Persuadé qu'une semblable conduite n'est nullement dans les intentions de Votre Altesse . . . . ., je prends la respectueuse liberté de lui exposer, que le prix du fermage n'est plus en rapport avec le revenu actuel du domaine de . . . ; que le mauvais état du bâtiment en question me cause un notable préjudice ; et la supplie instamment de daigner me faire rendre justice.

Je suis avec le plus profond respect,

Monseigneur,

De Votre Altesse, etc.

Pour se plaindre des dégâts faits par ses gens.

A Son Altésse, etc.

Monseigneur,

P. . . . ., cultivateur à . . . . ., expose humblement à Votre Altesse que le . . . ., à . . . . . heures du . . ., deux hommes à cheval, portant sa livrée, franchirent la haie d'un champ de . . . ., qu'il cultive audit lieu, dans l'intention de le traverser pour éviter un long détour que la route fait en cet endroit.

L'exposant leur cria vainement qu'ils ne devaient pas ainsi violer la propriété d'autrui, et courut à eux pour leur faire rebrousser chemin. Loin de tenir compte de ses observations, l'un de ces deux hommes poussa son cheval contre lui si rudement, que l'exposant fut renversé et reçut une blessure grave à la tête.

. Votre Altesse est trop juste et trop généreuse, pour permettre que son auguste nom serve à couvrir de semblables abus; et l'exposant dépose aux pieds de Votre Altesse . . . . . ses justes plaintes, persuadé qu'elle daignera y faire droit.

Il est avec, etc.

Pour obtenir le paiement d'une somme due.

A Son Altesse, etc.

(*Nom, etc.*)

Monseigneur,

Le . . . . . j'ai eu l'honneur d'exécuter pour le compte de Votre Altesse . . . . . , d'après les ordres de . . . (*désigner les travaux*), *ou* de fournir (*désigner les fournitures*) selon le mémoire qui en a été arrêté après vérification, le . . . . , à la somme de . . . .

Depuis lors, je sollicite vainement le paiement de cette somme : mes lettres restent sans réponse ; la porte m'est refusée lorsque je me présente chez . . . . ; ou ma demande est éludée sous des prétextes qui n'ont aucun fondement.

Dans cet état de choses, je viens supplier Votre Altesse de vouloir bien interposer son autorité pour me faire rendre la justice qui m'est due.

Je suis avec un profond respect,

Monseigneur,

De Votre Altesse, etc.

Pour demander à un Prince de signer un contrat de mariage.

A Son Altesse, etc.

(*Nom, prénoms, etc.*)

Monseigneur,

Soldat au régiment de . . . . . (*indiquer en outre, le numéro du bataillon et de la compagnie*), je combattis sous les yeux de Votre Altesse . . . . à l'affaire de . . . ., où je fus grièvement blessé ; et fus assez heureux pour attirer son attention.

Votre Altesse, en me conférant elle-même après l'action la décoration des braves, eut la bonté de me dire que je pouvais compter sur sa bienveillance.

Forcé depuis lors, de rentrer dans mes foyers par suite de ma blessure, je suis à la veille d'épouser . . . . . . : mon petit établissement prospère ; l'union que je suis sur le point de contracter paraît devoir faire mon bonheur ; et il ne manquera rien à ma félicité si Votre

Altesse . . . . . daigne honorer notre contrat de son auguste signature.

Cette insigne faveur comblera de joie l'âme d'un soldat qui ne se consolera d'avoir été arrêté sitôt dans la carrière de la gloire, que par l'espoir de donner bientôt à la patrie des enfans dignes d'elle.

Je suis avec le plus profond respect,

    Monseigneur ,

        De Votre Altesse, etc.

Pour demander à placer un enfant.

A Son Altesse , etc.

(*Nom , prénoms , etc.*)

    Monseigneur ,

Un père de famille, attaché pendant . . . . . à Votre Altesse . . . . en qualité de . . .; chargé de deux enfans qui ont reçu toute l'éducation que ses faibles moyens lui permettaient de leur donner, supplie humblement Votre Altesse de daigner attacher l'aîné à sa personne en qualité de page.

Cette insigne faveur me permettrait de pourvoir plus efficacement au sort du plus jeune , et comblerait de reconnaissance une famille tout entière.

Je suis avec le plus profond respect,

    Monseigneur ,

        De Votre Altesse, etc.

Pour réclamer sa protection.

A Son Altesse, etc.

(*Nom, etc.*)

Monseigneur,

M...., mon père, mort au service de Votre Altesse... le..., ne laissa à sa famille d'autre héritage que le souvenir de soixante-dix années de vertus, et ses exemples à suivre.

Ce respectable vieillard reçut à son lit de mort, la promesse que ses enfans trouveraient dans Votre Altesse Royale un protecteur et un appui. Confiant dans cette promesse auguste, je viens aujourd'hui, Monseigneur, supplier Votre Altesse ..... de l'accomplir.

La place de .... est vacante par ..... : un mot de la part de Votre Altesse .... peut me la faire obtenir. Daignez, Monseigneur, le mettre ce mot, au bas du placet que je prends la liberté de vous adresser ci-inclus ; et tous mes vœux seront comblés, puisque la place que je sollicite me mettra à même de soutenir dignement le nom que je porte, et d'élever une sœur dont je suis l'unique soutien.

Je suis, etc.

Au premier Gentilhomme de la chambre pour le prier de demander une audience particulière.

A Monsieur le Duc de . . . . . , premier Gentilhomme de la Chambre du Roi.

Monsieur le Duc,

Jaloux d'être admis à l'honneur de présenter à Sa Majesté un travail dont je suis l'auteur, et qui consiste en . . . . *ou*, désirant être admis à l'honneur de présenter moi-même à Sa Majesté le placet dont je joins ici copie, je prends la liberté de vous prier, Monsieur le Duc, de vouloir bien m'obtenir de Sa Majesté la faveur d'une audience particulière.

J'attends cette grâce, Monsieur le Duc, de votre amour pour les arts, *ou*, de votre justice, etc.,

Et suis avec respect, etc.

Nota. Lorsqu'il s'agit de présenter un objet qui n'est pas trop volumineux ou d'un trop grand prix, on en joint à la demande, un double dont on fait hommage au premier Gentilhomme; ou tout au moins un dessin, si l'objet en est susceptible. Lorsqu'il s'agit de livres, on en envoie deux exemplaires brochés, et l'on fait relier ou cartonner très-proprement celui qui doit être présenté.

5*

*Pour faire mettre un objet quelconque sous les yeux
du Roi.*

A Monsieur, etc.

Monsieur le Duc,

Désirant faire parvenir directement sous les
yeux du roi le placet ci-inclus, *ou*, l'objet ci-
joint, je prends la liberté de vous l'adresser,
vous priant instamment, Monsieur le Duc,
de vouloir bien le présenter à Sa Majesté.

Permettez-moi, Monsieur le Duc, d'implorer en même temps votre bienveillante intercession, et de vous assurer d'avance de toute
ma reconnaissance pour un bienfait auquel
j'attache le plus grand prix.

J'ai l'honneur d'être avec respect,

Monsieur le Duc,

Votre, etc.

CHAPITRE VI.

PÉTITIONS AUX CHAMBRES ET AUTORITÉS LÉGISLATIVES.

On peut adresser des pétitions à la chambre des pairs ou à celle des députés indistinctement, ou à toutes les deux à la fois :

Pour se plaindre d'abus de pouvoir ou de dénis de justice, pour lesquels on n'a pu obtenir satisfaction de la part des autorités compétentes ;

Pour signaler quelques violations de la Charte, ou quelque abus dans l'exécution des lois du royaume.

On peut se servir de cette voie, pour leur soumettre des vues d'intérêt public dignes d'être prises en considération, etc.

Le droit de pétition aux chambres est l'un des plus précieux que la Charte ait consacrés. Malheureusement beaucoup de personnes abusent de ce droit pour fatiguer l'attention des chambres, d'une foule de mémoires soit pour demander des places, des faveurs, qui ne sont pas dans les attributions de la chambre, soit pour des objets qui ne présentent aucune espèce d'intérêt. Les commissions peuvent à peine suffire à l'examen de ces demandes inconvenantes; et comme chacune doit passer à l'examen à tour de rôle, beaucoup de pétitions importantes restent enfouies dans les cartons jusqu'à la fin de la session.

Il est fâcheux que le danger de porter atteinte au droit de pétition, ne laisse aucun moyen de réprimer ces abus.

Ces pétitions doivent être remises directement à un membre de la chambre, qui se charge de les présenter lui-même; ou déposées au secrétariat sous le couvert du président, pour la chambre des députés, et sous celui du grand référendaire, pour la chambre haute.

Pour demander la suppression des maisons de jeu.

A leurs seigneuries messeigneurs de la chambre des pairs.

(Nom, prénoms et domicile du pétitionnaire.)

Nobles pairs,

Un père, abîmé dans l'affliction la plus profonde, vient supplier vos seigneuries de fermer à jamais le gouffre où viennent s'engloutir chaque jour l'honneur , le repos et la félicité de tant de familles respectables.

Je n'avais qu'un fils , qui touchait à peine à sa vingt-unième année : son heureux naturel, les excellentes qualités que l'éducation paternelle avait développées en lui , un mariage projeté depuis long-temps avec la fille d'un ancien ami de mon enfance ; tout semblait promettre à ce jeune homme , et aux deux familles que cette alliance devait réunir, un long avenir de bonheur et de prospérité :vain espoir ! un seul instant l'a détruit !

Mon fils venait de recouvrer pour mon compte une somme importante : une fatalité , dont j'ignore les circonstances, pousse ce malheureux jeune homme , pour la première fois de sa vie , dans une maison de jeu ; et quelques instans suffisent pour consumer tout ce qu'il portait sur lui !

Ah ! si l'infortuné fût venu aussitôt déposer sa faute dans le sein paternel, le ciel m'est témoin qu'elle eût été bientôt oubliée ; mais, soit honte , soit crainte de reproches , au lieu de venir se jeter dans mes bras , il m'écrivit une lettre dont les expressions déchirantes ne sortiront jamais de mon cœur ; et se tira aussitôt un coup de pistolet , qui a mis fin à son existence.

Nobles pairs , je vous en conjure au nom de

tout ce qu'il y a de plus sacré, au nom de tant
de familles qui ont à déplorer le même malheur que moi ! que le coup affreux qui vient
de me frapper soit du moins le dernier dont
l'humanité aura à gémir : cette pensée pourra
seule apporter quelque adoucissement au désespoir affreux qui me consume.

Vous voulez faire refleurir le règne de la morale et de la religion....! Ah! détruisez avant
tout la cause de la plupart des vices ; fermez
les infâmes maisons de jeu, ces repaires du
crime, où la jeunesse la plus vertueuse ne tarde
pas à se corrompre; et un concert unanime
d'actions de grâces s'élèvera de tous les coins
de la France jusque dans l'enceinte auguste où
vous siégez.

Dans l'attente de ce jour que je ne cesserai
d'appeler de tous mes vœux, je suis avec le plus
profond respect,

Nobles pairs,
De vos seigneuries,

Le très-humble, etc.

Pour un protestant dont on a voulu séduire
l'enfant.

A leurs seigneuries, etc.

(Nom, prénoms, etc.)

Messeigneurs, ou, nobles pairs,

Elevé dans le culte réformé, qui a été de tout

temps celui de mes ancêtres, j'ai nourri mes enfans dans la même croyance, sous l'égide du pacte sacré qui, tout en reconnaissant dans l'état une religion dominante, autorise formellement le libre exercice de toutes les autres sans exception. J'étais loin de m'attendre que les agens préposés au maintien des lois, les violeraient à mon égard de la manière la plus scandaleuse.

Mon fils aîné, âgé de....., fréquentait depuis long-temps l'école publique de..., tenue par...., homme très-exagéré dans ses manières de voir, et peu pénétré des véritables devoirs de son état.

Je m'apercevais que, depuis quelques jours, mon enfant n'avait plus envers moi, envers sa mère, ses sœurs, les mêmes manières qu'à l'ordinaire, et je lui en fis plusieurs fois des reproches : enfin, un jour il répondit positivement à mes remontrances que moi, sa mère, toutes les personnes qui nous ressemblaient, étaient des impies et des ennemis de Dieu, et que son maître d'école le lui avait positivement dit.

Aussi surpris qu'affligé d'un semblable propos, je courus aussitôt chez cet instituteur si peu digne des fonctions qu'il exerce; et lui signifiai que non-seulement je lui retirerais mon fils s'il continuait à égarer sa raison, mais qu'encore je

dénoncerais à qui de droit ses coupables manœuvres.

Mon fils parut pendant quelques jours être
revenu à ses sentimens naturels ; mais quel
fut mon étonnement lorsque le . . . , ne l'ayant
pas vu rentrer à l'heure accoutumée, j'appris
qu'il n'était ni à son école, ni chez aucune de
nos connaissances ! Le reste de la journée et une
partie de la nuit se passèrent en recherches infructueuses.

Enfin le lendemain, à . . . heures du matin,
je reçus de mon fils une lettre par laquelle il
m'annonçait qu'afin d'éviter la damnation éternelle qui attendait ses frères et toute sa famille,
il s'était réfugié dans le petit séminaire de . . .
pour y faire abjuration de son *hérésie*.

Je courus sans différer au séminaire avec mon
épouse : là nous épuisâmes vainement l'un et
l'autre tous les efforts que la tendresse put nous
suggérer, pour arracher notre enfant de cette
retraite.

Je voulus alors employer la puissance paternelle. Mais le supérieur de cette maison me re-
présenta avec beaucoup de douceur et de modération, que l'enfant lui avait été confié par une
autorité supérieure dont il devait avant tout
prendre les ordres ; m'engageant de mon côté à
faire toutes les démarches légales que je juge-
rais à propos, et m'assurant qu'il ne tiendrait

pas à lui que mon fils ne me fût promptemen t rendu.

En effet, deux jours après, je reçus l'invitation de venir chercher mon enfant ; et j'ai appris depuis, que c'est surtout aux sages exhortations du supérieur de la maison, que j'ai dû le bonheur de voir rentrer mon fils dans le giron paternel.

Je dois avouer que dans cette circonstance, j'ai eu beaucoup à me louer de la conduite du vénérable ecclésiastique qui dirige le séminaire de . . . . ; mais je suis à regret forcé de déclarer qu'il n'en est pas de même des autorités civiles et judiciaires.

Monsieur le maire de . . . , à qui je m'adressai d'abord, non-seulement refusa de recevoir ma plainte et d'interposer son autorité, mais encore se permit à mon égard les propos les plus inconvenans : monsieur le procureur du roi tint la même conduite, et s'oublia même jusqu'à approuver positivement la conduite coupable du maître d'école.

De semblables abus n'étant ni dans l'intérêt de la religion de l'état, ni dans les intentions paternelles du gouvernement, je prends la respectueuse liberté de les dénoncer à l'auguste assemblée qui veille sans cesse au maintien des lois du royaume, et supplie humblement Vos Seigneuries :

1° D'inviter monseigneur le ministre de la

justice, à se faire rendre compte de la conduite tenue dans cette affaire par le procureur du roi de .... et le maire de ....

2° De daigner aviser aux moyens de procurer aux enfans protestans, sans danger pour leur croyance et pour le repos de leur famille, l'instruction nécessaire, dans les communes qui, telles que celle que j'habite, n'ont qu'une école.

J'ai l'honneur d'être avec la vénération la plus profonde,

> Messeigneurs,
> De Vos Seigneuries, etc.

Pour se plaindre d'une détention arbitraire.

A Messieurs les Membres de la chambre des députés des départemens.

(*Nom, prénoms, domicile du pétitionnaire.*)

Messieurs,

L'article 4 de la Charte, en garantissant la liberté individuelle, veut que personne ne puisse être arrêté que dans les cas prévus par la loi, et *dans les formes prescrites par elle.*

La loi du ...., qui spécifie ces cas et règle les formes conservatrices de la liberté des citoyens, ordonne que . . . .

Au mépris de ces sages dispositions, au mépris de l'article ci-dessus mentionné de notre

pacte fondamental, j'ai été enlevé de mon domicile dans la nuit du . . . . ., sur un ordre du
ministre de . . . ., et déposé dans la maison de
. . . . ., où depuis lors je suis détenu sans connaître le crime que l'on m'impute ; sans pouvoir
communiquer directement ou indirectement
avec qui que ce soit, et qui pis est, sans avoir
subi un seul interrogatoire.

Ne sachant que penser d'un semblable abus
de pouvoir, qui ne serait pas tolérable à
l'égard du criminel le plus avéré ; fort d'ailleurs
d'une conscience exempte de tout reproche,
j'ai vainement adressé mes réclamations à monsieur le procureur du roi de . . . . et au ministre
qui dans cette circonstance, paraît avoir mis
son bon plaisir à la place des lois : je n'ai pu
obtenir aucune réponse, aucun renseignement
sur la cause de ma détention.

Dans cet état de choses, il ne me reste d'espoir que dans la vigilance des défenseurs de
nos libertés, dans les membres de la représentation nationale.

Veuillez donc, Messieurs, ordonner qu'il
vous soit rendu compte de cette affaire ; et faire
respecter la Charte constitutionnelle, violée à
mon égard d'une manière aussi arbitraire.

J'ai l'honneur d'être avec un profond respect,
   Messieurs,
Votre très-humble et très-obéissant serviteur.

*Pour demander l'application de la responsabilité
des ministres.*

A Messieurs, etc.

(Nom, prénoms, etc.)

Messieurs,

L'article 13 de la Charte porte que les ministres du Roi sont responsables. Les articles 55
et 56 portent textuellement :

Art. 55. « La chambre des députés a le droit
d'accuser les ministres et de les traduire devant
la cour des pairs, qui seule a celui de les juger.

Art. 56. « Ils ne peuvent être accusés que pour
faute de concussion : des lois particulières spécifieront cette nature de délit, et en détermineront la poursuite. »

Ces lois salutaires sont vainement atten-
dues depuis long-temps, et la nécessité s'en
fait sentir tous les jours par les actes arbi-
traires que se permettent les dépositaires du
pouvoir.

Dernièrement encore, le ministre de......
s'est rendu coupable de......; et les voix ac-
cusatrices qui se sont élevées de la tribune nationale ont été aussitôt étouffées.

Que deviendront nos libertés? que devien-
dra la Charte, qui les a consacrées, si les ministres chargés de la maintenir, mettant leur

bon plaisir à la place des lois, se couvrent du nom sacré du Roi pour les violer impunément?

Défenseurs courageux de ces lois et de nos institutions, ne permettez pas que le dépôt précieux qui vous est confié reçoive la moindre atteinte : réclamez avec persévérance l'exécution définitive des articles 13, 55 et 56 de la Charte! et la reconnaissance de vos concitoyens sera le prix de vos nobles efforts.

J'ai l'honneur d'être avec respect,
Messieurs,

Votre, etc.

Pour empêchement mis sans cause légitime à la publication ou distribution d'un livre.

A Messieurs, etc.

(*Nom, prénoms, etc.*)

Messieurs,

L'impression d'un ouvrage intitulé . . . . . . , dont je suis auteur, *ou* éditeur, vient, au mépris des lois protectrices de la presse, d'être suspendue par l'ordre de . . . ; *ou*, la saisie, etc., a été exécutée par ordre, etc.

Ne voyant aucun motif qui pût légitimer cette mesure arbitraire, à l'égard d'un livre qui n'offense ni Dieu, ni les lois, ni le gouvernement, ni la morale publique, ni aucun individu, j'ai adressé mes réclamations à M. le directeur de la librairie, à . . . . . . (*désigner les autres autorités*) ; mais sans aucun succès.

Je prends en conséquence, Messieurs, le seul parti qui me reste, celui de m'adresser à la chambre pour la supplier de me faire rendre prompte justice.

J'ai l'honneur d'être avec vénération,

Messieurs,

Votre, etc.

Pour soumettre des observations au sujet d'un projet de loi.

A Messieurs, etc.

(*Noms, etc.*)

Messieurs,

Le projet de loi relatif à . . . . ., qui occupe en ce moment l'attention de la chambre, renferme une foule de dispositions éminemment sages et utiles ; mais il en est d'autres qui ne peuvent pas être considérées ainsi. Je citerai notamment les suivantes :

(*Exposer ces dispositions article par article.*)

Ces dipositions, loin de concourir au but que le législateur a dû se proposer, me paraissent tout-à-fait contraires non-seulement à l'intérêt public, mais à l'esprit même de la loi.

En effet, (*détailler ici ses observations*).
Quelques connaissances acquises par une étude
approfondie de cette matière, me déterminent à
soumettre aux lumières de la chambre quelques
vues nouvelles, qui pourront peut-être fournir à
la commission chargée d'examiner le projet,
d'utiles renseignemens.

. . . .
. . . .

Puissent, Messieurs, ces observations, fruit
de l'expérience et d'un ardent amour du bien
public, être honorées de votre assentiment! Je
m'estimerai heureux d'avoir pu contribuer à
améliorer une loi qui m'en parait susceptible ;
mais à laquelle je me ferai du reste un devoir
d'obéir aveuglément avec le reste de la France,
quand elle aura définitivement été consacrée
par vous.

J'ai l'honneur, etc.

*Pour soumettre un plan d'administration ou
d'utilité publique.*

A Messieurs, etc.

(*Nom, etc.*)

Messieurs,

Une lacune importante me semble exister
dans notre législation par le défaut d'une loi

qui règle . . . . *ou*, sur . . .; et je suis d'autant plus surpris qu'aucun projet à cet égard ne soit soumis à votre discussion, que le besoin s'en fait sentir chaque jour.

Persuadé qu'il est du devoir de tout homme de bien, d'appeler de tous ses vœux les améliorations qu'il juge utiles au bonheur public, je prends la respectueuse liberté de soumettre cet objet à la sagesse de la chambre, la priant d'user de la faculté que lui accorde l'article 19 de la Charte, pour supplier le Roi de proposer une loi contenant entre autres dispositions les suivantes :

. . . .

. . . .

Les avantages d'une pareille loi seraient de . . . . . . ; et la France la recevrait avec reconnaissance, des mains de ses représentans.

Messieurs, si le travail que j'ai l'honneur de vous soumettre n'a pas cette maturité qu'il ne pourrait acquérir que dans vos lumineuses et profondes discussions, j'ose espérer du moins qu'il ne sera pas jugé indigne de votre attention.

J'ai l'honneur, etc.

Pour demander la construction d'une route.

A Messieurs, etc.

Messieurs,

Les habitans d'une pauvre commune du département de . . . . . ., presqu'ignorée du reste de la France , prennent la liberté d'exposer à leurs représentans :

Que presque entièrement entourée de rochers inaccessibles , cette commune ne peut communiquer avec les cantons voisins que par celle de . . . . .; mais cette communication ne pouvant avoir lieu qu'à travers des terrains marécageux submergés une grande partie de l'année, les habitans de . . . . . restent souvent pendant des mois entiers , enfermés chez eux sans pouvoir exporter les produits de leur territoire et de leur industrie, qui consistent principalement en . . . . .

Depuis long-temps ils postulent auprès de l'autorité compétente, pour obtenir la construction d'une route qui assurerait une communication facile et commode entre leur commune et celle de . . . . . .; mais ils n'ont jamais pu obtenir cette faveur , ou pour mieux dire cet acte de justice.

La distance entre ces deux communes n'est pourtant que de . . . ; la dépense s'élèverait au plus à la somme de. . . . ., pour laquelle les exposans se cotiseraient volontiers ; et ce modique sacrifice répandrait une grande aisance dans un pays abondant en produits agricoles et industriels.

La commune de . . . . . . fournit tous les ans

un contingent de . . . . . . , tous beaux hommes
et excellens soldats ; elle n'est pas une des
dernières à acquitter les autres charges qui
lui sont imposées : pourquoi donc les agens de
l'autorité semblent-ils l'abandonner à un injuste oubli ?

Il n'en sera pas de même des députés de la
France, de ces hommes généreux voués sans
relâche à la défense des intérêts de tous leurs
concitoyens.

C'est dans cet espoir, que les habitans de la
commune de . . . . prient instamment la chambre de vouloir bien intercéder auprès du gouvernement, pour qu'une route soit construite
sans délai entre cette commune et celle de . . .

Les exposans sont avec respect,

Messieurs,

Vos très-humbles, etc.

PÉTITIONS AU CONSEIL-D'ÉTAT.

Le conseil-d'état est un corps respectable,
composé d'hommes aussi recommandables par
leur profond savoir dans les diverses branches
de l'administration publique, que par leurs
vertus. Mais, quoique appelé chaque jour à prononcer sur les intérêts les plus majeurs, il ne
jouit en quelque sorte que d'une existence précaire, puisqu'elle ne repose que sur de simples
ordonnances.

C'est dans ce conseil que se préparent les projets de lois, d'ordonnances, de règlemens de haute administration ; c'est dans son sein que se jugent les grandes questions administratives, les actes des dépositaires du pouvoir : et, comme les membres de ce corps sont révocables à la volonté d'un ministre ; qu'il suffirait d'ailleurs d'une simple ordonnance pour dissoudre le corps lui-même, on doit leur supposer une grande indépendance.

Les particuliers qui ont des intérêts à débattre au conseil-d'état peuvent compter sur une justice impartiale : mais ils doivent s'attendre à d'interminables longueurs ; et ce n'est qu'à force de démarches, de sollicitations ; qu'en assiégeant sans relâche la porte du conseiller chargé du rapport, qu'ils pourront voir la fin de leur affaire.

Tous mémoires et placets au conseil-d'état, pour affaires contentieuses ou administratives, doivent être revêtus de la signature d'un avocat aux conseils et présentés par son ministère.

Mais on peut adresser à ce corps des mémoires contenant des vues neuves ou utiles, sur diverses matières de haute administration, telles que la guerre, les finances, la législation, le commerce, etc.

Ces pièces doivent être adressées : *à Messieurs les membres composant le comité de...*

au conseil-d'état, et remises soit dans les bureaux, soit à l'un des membres du comité
compétent.

Quant à la forme à donner à ces sortes d'é-
crits, elle est la même que pour ceux que l'on
adresse aux chambres législatives.

CHAPITRE VII.

PÉTITIONS AUX MINISTRES, AU CHANCELIER DE LA LÉGION-D'HONNEUR, etc.

Ministère de la Justice.

Ce département embrasse dans ses attributions tout ce qui concerne l'administration de la justice, l'organisation et le personnel des cours et tribunaux ; celle des notaires, avoués et autres officiers ministériels ; la garde des sceaux de l'état ; la direction et l'administration de l'imprimerie royale ; les rapports relatifs aux recours en grâce, commutations de peine, changemens de noms, naturalisations, dispenses, etc., etc.

Une *commission du sceau* est instituée dans le sein de ce ministère, pour tout ce qui concerne l'expédition des pièces et titres susceptibles d'être revêtus du sceau de l'état ; mais les affaires de cette nature ne peuvent être suivies dans les bureaux que par des référendaires, qui seuls peuvent aussi présenter et signer les requêtes.

L'imprimerie royale, située vieille rue du Temple, ancien hôtel de Soubise, est dirigée par un administrateur à qui doivent être adressées les demandes relatives à ce service. Elle exécute, aux frais et pour le compte des intéressés, les impressions en caractères étrangers ou rares; et imprime aux frais du gouvernement les ouvrages qui sont jugés dignes de cette faveur.

On peut présenter des pétitions à Sa Grandeur Monseigneur le garde des sceaux, ministre de la justice, pour tout ce qui se rattache à quelqu'un des objets ci-dessus mentionnés; et pour les demandes de naturalisation, changemens de nom; dispense d'âge et de parenté, pour mariage; permission de service à l'étranger, etc., etc.

Pour le prier d'intercéder auprès du Roi en faveur d'un condamné.

A Sa Grandeur Monseigneur le Garde des Sceaux, Ministre de la Justice.

(*Nom, prénoms, domicile du pétitionnaire.*)

Monseigneur,

Je prends la respectueuse liberté de supplier Votre Grandeur d'intercéder auprès de Sa Majesté, pour en obtenir la grâce de....., que j'implore dans le placet que j'adresse ci-inclus à Votre Grandeur, afin qu'elle daigne le mettre avec recommandation sous les yeux du Roi.

Monseigneur, c'est en vous seul qu'est tout l'espoir d'une famille dont je suis l'organe : veuillez user de la plus belle de vos prérogatives, de celle d'être le canal des grâces de Sa Majesté.

J'attends dans l'anxiété la plus vive, mais avec confiance, la décision de Votre Grandeur, et suis avec le plus profond respect,

Monseigneur,

De Votre Grandeur,

Le très-humble et très-obéissant serviteur.

Autre pour le même objet.

A S. G. , etc.

(*Nom, prénoms, etc.*)

Monseigneur,

Admis à l'honneur de présenter moi-même à Sa Majesté le . . . . . une demande en grâce en faveur de N . . . . . . , mon père, condamné à . . . . le . . . par le tribunal de . . . . pour . . . . j'ignore encore le résultat de cette démarche.

Le terme fatal approche : dans . . . . . . jours il ne me sera plus permis d'intercéder en faveur de mon malheureux père. Veuillez donc, Monseigneur, permettre à un fils désolé de supplier Votre Grandeur de vouloir bien mettre un terme à l'inquiétude affreuse dont il est accablé.

Plein d'espoir dans l'humanité et la bienfaisance de Votre Grandeur, je suis avec le plus profond respect,

Monseigneur,

De Votre Grandeur, etc.

Pour se plaindre de violation de domicile.

A S. G., etc.

(*Nom, prénoms, etc.*)

Monseigneur,

Les lois du royaume garantissent l'inviolabilité du domicile d'un citoyen.

Au mépris de ces lois tutélaires, le sieur..., huissier au tribunal de ....., accompagné de la force armée, s'est présenté chez moi le..., heure de minuit, et m'a sommé de lui faire l'ouverture de mes portes.

D'après mon refus motivé sur l'article 76 de la loi du 22 frimaire an 8, il en a fait lui-même l'ouverture avec effraction ; s'est introduit, malgré mes protestations, dans mon domicile et jusques dans la chambre de mon épouse ; s'est fait ouvrir tous mes meubles et armoires ; et ne s'est retiré qu'à . . . heures du matin, après avoir visité avec soin mes papiers les plus confidentiels, et sans daigner me faire part ni du motif de cette perquisition, ni de l'ordre en vertu duquel il agissait ainsi.

J'ai adressé ma plainte au procureur du roi de . . . . ., contre une conduite aussi illégale à l'égard d'un citoyen domicilié depuis long-temps, dont la réputation a toujours été in-tacte ; mais ce magistrat ne m'a fait aucune réponse.

Je prends en conséquence la liberté de dé-noncer à Votre Grandeur cet abus odieux de la force publique, persuadé qu'elle ne le laissera pas impuni.

Je suis avec le plus profond respect, etc.

Pour se plaindre de rigueurs exercées dans une arrestation.

A S. G., etc.

(*Nom, etc.*)

Monseigneur,

En vertu d'un mandat d'arrêt décerné par le procureur du Roi de . . ., en date du . . . . ., le sieur . . . . ., commissaire de police, s'est pré-senté à mon domicile le . . ., à . . . heures du . . . . ; et m'a intimé l'ordre de le suivre sur-le-champ. Vainement l'ai-je prié de m'accorder quelques instans pour mettre ordre à mes affaires les plus pressantes ; il a été inexorable, et s'est mis en devoir de me faire arracher de force de mon domicile, malgré les instances de mon épouse et de ma famille.

J'ai voulu alors invoquer en ma faveur le bénéfice de la loi du 22 frimaire an 8 ; mais ce fonctionnaire public s'est jeté sur moi comme un forcené, en me frappant de sa canne ; et dans le désordre d'une scène aussi scandaleuse, je me suis trouvé en outre frappé de plusieurs coups de baïonnette, outre les contusions que j'avais à la tête.

Conduit par suite de cette arrestation dans la prison de ....., loin d'y recevoir les secours qu'exigeaient mes blessures, je n'y ai éprouvé et n'y éprouve encore, que des mauvais traite-mens que la loi n'autorise pas même envers les criminels avérés.

Un semblable état de choses étant trop into-lérable pour pouvoir durer plus long-temps sans compromettre mon existence, je supplie Votre Grandeur d'ordonner que l'on m'accorde les secours nécessaires à ma position, et que les coupables soient punis conformément aux lois.

Je suis avec le plus profond respect, etc.

*Pour se plaindre d'une arrestation illégale or-
donnée par un maire.*

A S. G. , etc.

(*Nom, etc.*)

Monseigneur,

Le . . . . . dernier, vers midi, le maire de la
commune de . . . . ., que j'habite depuis . . . . .,
m'ayant fait dire par son garde-champêtre de
venir lui parler, je me suis aussitôt rendu au
domicile de ce magistrat ; et n'ai pas été peu
surpris de l'entendre me reprocher avec beaucoup d'aigreur, de prétendus propos séditieux
que j'aurais, suivant lui, tenus dans divers lieux
publics de la commune, et devant des personnes
dont il ne voulut même pas me nommer une
seule.

Vainement lui observai-je avec toute la
modération due à son caractère, que tout
entier à mes affaires, je ne fréquentais aucun
lieu public et ne m'occupais nullement de politique ; au lieu de se rendre à mes raisons, il
s'emporta de la manière la plus inconvenante ;
et, faisant aussitôt entrer quatre gendarmes,
qui vraisemblablement avaient été appelés d'a-
vance avec intention, il m'envoya dans la maison d'arrêt de . . . . ., où j'ai resté quatre jours.

Cet acte arbitraire de la part d'un fonctionnaire revêtu d'une autorité toute paternelle, me causant un préjudice d'autant plus notable que mon arrestation, faite aux yeux de tous les habitans de la commune, laisse planer sur ma tête des soupçons défavorables, je présentai, dès ma sortie de prison, une plainte au procureur du Roi de...., qui n'y a pas fait droit.

Comme il importe à mon honneur ainsi qu'à mes intérêts, d'être promptement justifié aux yeux de mes concitoyens; qu'il ne peut être dans les intentions du gouvernement que les citoyens paisibles soient victimes des caprices des fonctionnaires chargés de les protéger; je supplie Votre Grandeur de daigner se faire rendre compte de cette affaire, afin de savoir si mon crime à l'égard de M. le maire ne proviendrait pas uniquement du refus que je fis dernièrement de lui céder un champ attenant à son enclos, si le déni de justice du procureur du Roi ne serait pas l'effet de la parenté qui lie ces deux magistrats; et enfin de leur faire l'application des peines prononcées par les lois contre les dépositaires du pouvoir qui abusent de leur autorité.

En attendant cet acte de votre équité, je suis avec le plus profond respect,

Monseigneur,

De Votre Grandeur, etc.

Pour refus de représenter un détenu à sa famille.

A S. G., etc.

Monseigneur,

N.... (*noms, etc.*), exposent respectueusement à Votre Grandeur que N....., leur époux et père, gémit depuis le ..... dans la maison d'arrêt de ..., comme prévenu de ..:

Que s'étant présentés plusieurs fois devant... pour obtenir la consolation de le voir et de lui porter les vêtemens et autres objets que sa position exige, cette permission leur a été, sans aucun motif, refusée au mépris de la loi du 22 frimaire an 8.

Dans cette circonstance, les exposans supplient humblement Votre Grandeur, de leur faire délivrer la permission de porter des consolations à un homme déjà assez malheureux d'être privé de sa liberté sur le simple soupçon d'un crime dont il est parfaitement innocent.

Les exposans sont avec un profond respect,
Monseigneur, etc.

Pour se plaindre d'un officier ministériel.

A S. G., etc.

(*Nom, etc.*)

Monseigneur,

Les délits commis par les officiers ministériels, de quelque ordre qu'ils soient, intéressent si fort la société tout entière, qu'il est du devoir de l'individu qui en est la victime de les dénoncer aussitôt à l'autorité. C'est d'après ce motif que je viens signaler à Votre Grandeur la conduite répréhensible du sieur...., *notaire, avoué, huissier* ou *avocat*, envers moi. (*énoncer sommairement les faits.*)

Ayant adressé vainement mes justes plaintes à la chambre de discipline du corps dont le sieur..... fait partie, ainsi qu'à monsieur le procureur du Roi de......, je supplie Votre Grandeur d'interposer son autorité dans cette affaire, et de prendre envers le sieur... telle mesure qu'elle jugera convenable dans sa sagesse.

Je suis avec respect, etc.

Nota. On peut se plaindre d'un officier ministériel pour refus de restitution de pièces ou de fonds, abus de confiance, connivence avec la partie adverse, surtaxe exorbitante de frais, etc., etc.

Pour se plaindre d'un juge de paix.

A S. G., etc.

Monseigneur,

Le... de ce mois, nous....., héritiers de N.., décédé le... précédent, en la commune

de. . . . , requîmes le juge de paix de . . . . ,
de venir apposer les scellés au domicile du
défunt.

Ce juge de paix, au moment de commencer
ses fonctions, n'a voulu admettre en sa présence aucun de nous, ni autre personne que son
greffier; et nous a signifié de nous retirer, ce
que nous avons fait par respect pour la loi.

A la signature de l'inventaire, nous étant
aperçus que plusieurs objets précieux, et notamment. . . . qui, à notre connaissance, exis-
taient peu d'instans auparavant, n'y étaient pas
portés, nous en fîmes l'observation à ce fonctionnaire, qui balbutia d'abord et nous répondit par des invectives.

Ne voulant pas nous exposer à manquer à la
justice dans la personne de l'un de ses or-
ganes, nous nous contentâmes de porter plainte
par-devant M. le procureur du Roi, qui n'a
daigné y faire droit; ce qui nous force à recourir à l'autorité de Votre Grandeur, afin qu'il
lui plaise se faire rendre compte d'une conduite
aussi extraordinaire de la part de ces deux magistrats.

Nous sommes, en attendant cet acte de justice, avec respect,

Monseigneur, etc.

Pour un détenu qui demande à être jugé.

A. S. G., etc.

(*Noms, etc.*)

Monseigneur,

Depuis six mois je languis loin de ma famille et de mes affaires, dans la prison de . . . ., où je suis détenu en vertu d'un mandat d'arrêt du . . . . ., sur le simple soupçon de complicité dans l'affaire de . . . ., crime dont l'idée même n'a jamais souillé ma pensée.

En vain me suis-je adressé plusieurs fois au procureur du Roi près la cour de . . . . ., pour le prier de hâter l'instruction de cette affaire : mes réclamations sont restées jusqu'ici sans effet.

Fort de mon innocence, et miné par le chagrin que me cause un état de choses si contraire à mes intérêts et à ma santé, dont la faiblesse naturelle ne peut que recevoir les plus vives atteintes du séjour malsain où je suis plongé, je supplie instamment Votre Grandeur de daigner ordonner que je sois mis en jugement sans délai, afin que ma justification pleine et entière ne soit pas retardée plus long-temps.

Je suis avec le plus profond respect,

Monseigneur, etc.

Pour obtenir l'autorisation de changer de nom.

A S. G., etc.

Monseigneur,

P..... (*nom, prénoms, profession, etc.*)
a l'honneur d'exposer à Votre Grandeur :

Que, connu depuis long-temps dans le commerce sous le nom de..., qui provient de...,
il lui serait infiniment plus avantageux de se servir dans tous ses actes publics et privés, de ce nom, qui le distinguerait d'ailleurs de ...., son parent, exerçant la même profession que lui.

Pourquoi il supplie qu'il plaise à Votre Grandeur l'autoriser à substituer ledit nom de ....
à celui de ....., qu'il porte actuellement.

Il est avec le plus profond respect,

Monseigneur,

De Votre Grandeur, etc.

Nota. On peut encore demander à changer de nom, pour cause de similitude ou de parité avec celui d'un homme condamné à une peine infamante, d'un commerçant failli faisant le même genre de négoce; pour prendre celui d'un parent ou de toute autre personne dont on hérite : enfin pour un motif grave quelconque.

Pour obtenir une dispense d'âge.

A S. G., etc.

(*Nom, etc.*)

Monseigneur,

Une mère de famille consumée par une maladie de . . . . . . qui l'entraîne rapidement vers la tombe, a la douleur de laisser après elle, sans appui, une fille de quatorze ans et demi, nubile depuis . . . .

Un mariage projeté depuis long-temps avec . . . . . . , jeune homme aussi distingué par son mérite que par les excellentes qualités de son cœur, rassurerait cette tendre mère sur le sort de sa fille; mais vu l'extrême jeunesse de celle-ci, cette union ne peut avoir lieu sans une dispense spéciale.

L'exposante supplie donc humblement Votre Grandeur de daigner accorder cette dispense, afin qu'elle puisse emporter au tombeau la douce assurance de laisser un protecteur à son enfant.

Elle est avec, etc.

Autre pour le même objet.

A S. G., etc.

Monseigneur,

N. . . . . . expose respectueusement à Votre

Grandeur que F....., sa fille, àgée de quatorze ans et sept mois et demi, est sur le point de devenir mère par suite d'un moment de faiblesse.

L'auteur de sa faute ne faisant aucune difficulté de la réparer, et cette alliance convenant d'ailleurs sous tous les rapports aux deux familles, l'exposant supplie Votre Grandeur de daigner solliciter des bontés de Sa Majesté, une dispense d'âge qui permette à cette jeune fille d'écarter le déshonneur qui plane sur sa tête, et qui assure un état certain à l'être qu'elle porte dans son sein.

L'exposant est avec le plus profond respect,
Monseigneur, etc.

Nota. L'âge de rigueur pour pouvoir se marier sans dispense, est quinze ans pour les filles et dix-huit pour les garçons.

Pour demander une dispense pour cause de parenté.

A S. G., etc.

Monseigneur,

Le sieur .... et la demoiselle .... *(indiquer les noms, prénoms et domicile de chacun des deux postulans)* ont l'honneur d'exposer à Votre Grandeur que des motifs de convenances particulières, et des raisons majeures tirées de *(déduire ces raisons)*, leur font vivement désirer de s'unir par les liens de légitime mariage.

Pourquoi et attendu qu'ils sont cousins-germains, degré prohibé par la loi, ils supplient Votre Grandeur de daigner leur accorder, *ou*, leur faire obtenir des bontés du Roi, les dispenses voulues pour contracter une union d'où dépend leur bonheur.

Ils sont avec le plus profond respect, etc.

Pour obtenir une réduction sur les frais du droit de sceau.

A S. G., etc.

(*Nom, etc.*)

Monseigneur,

Sa Majesté vient de m'accorder dans sa bonté (*désigner l'objet*), dont le titre est assujéti à **un** droit de sceau de . . . .

Mes moyens pécuniaires ne me permettant pas d'acquitter une aussi forte somme, j'ai recours à la bienveillance de Votre Grandeur, et la supplie de compléter la faveur dont Sa Majesté a daigné m'honorer, en m'accordant une réduction sur ce droit.

Je suis, etc.

Pour demander des lettres de naturalisation.

Nota. La première demande avec les pièces à l'appui, est d'abord déposée entre les mains du maire, qui la transmet au préfet, et celui-ci au ministre garde-des-sceaux avec son avis.

(*Voy*. les pétitions au Roi pour le même objet.)

MINISTÈRE DES AFFAIRES ÉTRANGÈRES.

Ce département n'étant chargé d'aucune des branches de l'administration intérieure, le public est rarement dans le cas d'avoir affaire dans ses bureaux, et n'est admis que dans celui des passe-ports à l'étranger, ouvert tous les jours non-fériés, depuis onze heures jusqu'à quatre.

Les occasions d'adresser des pétitions au ministre sont aussi beaucoup plus rares : c'est ordinairement pour demander un passe-port, des renseignemens sur un Français demeurant en pays étranger, dont on ne reçoit pas de nouvelles; pour le prier de faire prendre par ses agens en pays étranger, des informations sur un objet quelconque qui peut offrir quelque intérêt public, etc.

Pour demander un passe-port pour l'étranger.

A Son Excellence Monseigneur le Ministre Secrétaire-d'État au département des affaires étrangères.

(*Nom, prénoms, profession . domicile du pétitionnaire.*)

Monseigneur,

Appelé en (*désigner le pays*) par des affaires importantes de commerce, je me suis présenté vainement plusieurs fois dans les bureaux de Votre Excellence pour solliciter un passe-port qui, depuis un mois, m'est constamment refusé sous le prétexte . . . . . .

Comme ce prétexte ne repose sur aucun fondement ; que les pièces fournies à l'appui de ma demande sont et ont été trouvées parfaitement en règle, et qu'un plus long retard compromettrait mes intérêts de la manière la plus grave, je supplie Votre Excellence de daigner faire lever les difficultés qui me sont opposées.

Je suis, etc.

Pour demander un passe-port pour rentrer en France.

A S. Exc., etc.

(*Nom, etc.*)

Monseigneur,

Habitant depuis . . . . . la ville de . . . ., en . . . . ., où j'avais été appelé par . . . ., je désire rentrer en France aussitôt qu'il me sera permis de le faire sans crainte d'être inquiété dans ma route.

Le passe-port que j'avais obtenu en partant de France était pour aller et pour revenir ; mais cette pièce ayant été perdue depuis mon arrivée avec quelques autres effets, je supplie Votre Excellence de daigner me faire délivrer un nouveau passe-port.

Ma reconnaissance pour cette marque de bonté ne pourra être comparée qu'à mon impatience de revoir mes foyers.

Je suis, etc.

Nota. Les pétitions adressées de l'étranger doivent parvenir par la voie des agens diplomatiques.

Pour obtenir des renseignemens sur une personne résidante en pays étrangers.

A S. Exc., etc.

(*Nom, etc.*)

Monseigneur,

Des affaires de (*désigner le genre d'affaires*) me faisant vivement désirer d'avoir quelques nouvelles d'un sieur (*nom, prénoms et qualités*), qui demeurait, *ou*, devait demeurer (*désigner à quelle époque*) à . . . ., ville des états de (*désigner la puissance*), je lui ai écrit à diverses reprises sans en recevoir jamais aucune réponse.

Ne pouvant avoir de voie plus sûre pour être fixé sur l'existence et la résidence du sieur . . . . . que celle du ministère des affaires étrangères, je prends la liberté de supplier Votre Excellence de daigner faire prendre des informations à son égard ; et dans le cas où on le trouverait, lui faire remettre les pièces ci-incluses.

Je suis avec, etc.

Nota. Lorsque l'on se sert de cette voie pour faire passer des pièces quelconques, elles doivent être décachetées.

MINISTÈRE DE L'INTÉRIEUR.

Ce département est l'un de ceux dont les attributions sont les plus étendues ; elles embrassent tout ce qui concerne l'administration intérieure et la police générale du royaume ; les établissemens d'utilité publique et de bienfaisance ; l'industrie, le commerce intérieur, l'agriculture, les gardes nationales, les élections, l'administration départementale, etc.

On peut adresser pétition au ministre de ce département, pour demander de l'emploi dans un établissement public ou dans une branche quelconque de l'administration, des brevets d'invention, primes d'encouragement, secours par suite de désastres, admission dans un établissement de bienfaisance, indemnités pour expropriation par motif d'utilité publique, établissemens d'usines et manufactures dangereuses ou incommodes, brevets de libraire, charges d'agens de change et courtiers de commerce ; pour plaintes contre un fonctionnaire civil, et dans une foule innombrable d'autres circonstances.

Ces diverses demandes sont envoyées selon leur objet, dans les bureaux de l'une des directions suivantes, à qui l'on peut également s'adresser directement pour les affaires qui les concernent.

Ces directions sont :

Celle de la POLICE GÉNÉRALE (rue de Grenelle): haute police, sûreté générale du royaume, passeports à l'intérieur, port d'armes, délivrance des brevets de libraires et d'imprimeurs, surveillance de cette branche d'industrie et des écrits périodiques, etc. , etc.

La DIRECTION DES PONTS-ET-CHAUSSÉES : la construction et l'entretien des routes , ponts et canaux ; la navigation intérieure , l'entretien des ports de commerce , l'approvisionnement de Paris en combustibles ; les mines , carrières et établissemens y relatifs , etc.

La DIRECTION de l'administration générale des départemens.

La DIRECTION des établissemens d'utilité publique et secours généraux (rue   ) : tous les établissemens et institutions de bienfaisance ; les hospices , monts de piété , caisses d'épargnes , établissemens sanitaires ; police médicale , propagation de la vaccine ; secours aux réfugiés , secours de circonstances , récompenses des actes de dévouement , etc., etc.

La DIRECTION de l'administration générale des haras , de l'agriculture , du commerce , des arts et des manufactures (rue   ). La dénomination seule de cette direction indique assez ses attributions , qui sont très-multipliées.

La DIRECTION des travaux publics de Paris (rue Poultier , n° 7.)

Pour demander une place.

Voyez les autres modèles de ce genre répandus dans ce volume.

Pour demander un brevet d'invention.

A Son Excellence Monseigneur le Ministre Secrétaire-d'Etat au département de l'intérieur.

(*Nom, prénoms, domicile du pétitionnaire.*)

Monseigneur,

J'ai l'honneur de soumettre ci-joint à Votre Excellence la description d'une nouvelle machine de mon invention, ayant pour but de … ; dont j'ai déposé le modèle au secrétariat avec les pièces à l'appui, et dont l'industrie française ne peut manquer de retirer de grands avantages.

Cette découverte m'ayant coûté de longs travaux, beaucoup de recherches, et occasioné des dépenses considérables, je supplie Votre Excellence de daigner m'en dédommager en sollicitant pour moi des bontés de Sa Majesté, un brevet d'invention de la durée de ….

J'attends cette faveur de la protection éclairée dont Votre Excellence se plaît à honorer l'industrie et les arts,

Et suis avec le plus profond respect, etc.

Pour demander la prolongation d'un brevet ou un brevet de perfectionnement.

A S. Exc., etc.

Monseigneur,

Sa Majesté daigna m'accorder le . . . . . un brevet d'invention de . . . . pour . . . , dont je suis seul inventeur.

Mon brevet expirant dans . . . . mois ; et les sacrifices énormes que m'a occasionés cette découverte, ne se trouvant pas jusqu'ici compensés d'une manière suffisante par . . . . années d'exploitation dudit brevet ; je supplie respectueusement Votre Excellence de daigner m'accorder une prolongation de . . . . .

Ou bien, l'expérience m'ayant fait reconnaître dans cette découverte le besoin de divers perfectionnemens importans, que j'ai effectués, ainsi que le constate la nouvelle description ci-jointe, je prie respectueusement Votre Excellence de daigner m'accorder, *ou*, m'obtenir des bontés du roi, un brevet de perfectionnement qui m'assure la jouissance pleine et entière du fruit de mon travail.

Je suis, etc.

Pour demander une récompense pécuniaire pour une découverte utile.

A S. Exc., etc.

(*Nom, etc.*)

Monseigneur,

Frappé de l'immense avantage que retireraient le commerce et les arts, d'un procédé perfectionné pour la fabrication de...., et convaincu de la possibilité de cette découverte, je me suis livré depuis..... à une série de travaux et de recherches dont le résultat a été aussi heureux que l'on pouvait le désirer, ainsi que Votre Excellence pourra s'en convaincre par l'examen des descriptions et plans ci-joints.

Mais l'épuisement de mes moyens ne me permettant pas de donner à mon travail le dernier degré de perfection dont il est susceptible, je supplie Votre Excellence de vouloir bien m'allouer une gratification qui, en me dédommageant un peu de mes sacrifices, me mette à même de faire bientôt jouir le public de ma découverte.

En m'accordant cette faveur, Votre Excellence acquerra de nouveaux droits à la reconnaissance de tous les amis des arts.

Je suis, etc.

Nota. Les demandes de brevets et encouragemens sont adressées aux préfets, qui les transmettent au ministre avec leur avis.

L'institution des brevets d'invention, créée en vertu des lois des 7 janvier, 25 mai 1791 et 20 septembre 1792, a fait faire quelques pas à l'industrie française; mais elle serait infiniment plus utile si l'obtention de ces brevets n'était assujétie à des droits énormes. Ces droits sont, sans compter quelques menus frais, de 300 francs pour cinq ans, 800 francs pour dix ans, 1500 francs pour quinze ans, et 600 francs pour une prolongation.

Pour demander un brevet de libraire ou d'imprimeur.

A Son Exc., etc.

Monseigneur,

P.... (*Nom, prénoms, profession, domicile*) expose respectueusement à Votre Excellence que, désirant élever un établissement de librairie, *ou*, d'imprimerie à. .., il n'attend plus que l'agrément de Votre Excellence pour acheter le brevet du sieur . . . . ., qui veut se retirer.

Les pièces ci-jointes ne laissant aucun doute sur la moralité et la capacité de l'exposant, il espère que Votre Excellence voudra bien lui octroyer sa demande.

Il pourrait d'ailleurs invoquer en sa faveur le témoignage et la recommandation de . . . .

L'exposant est avec **un** profond respect, etc.

Nota. Les demandes de ce genre regardent plus spécialement le directeur de la police et de la librairie. Il est à peu près impossible aujourd'hui d'obtenir un brevet ; et même très-difficile de se faire agréer en en achetant un. **Dans tous les cas**, il faut produire un certificat de moralité délivré par le maire, et un certificat de capacité signé par quelques libraires bien connus.

Pour obtenir l'autorisation pour un établissement dangereux ou incommode.

A Son Exc.. etc.

(*Nom, etc.*)

Monseigneur,

J'ai l'honneur d'exposer à Votre Excellence : qu'ayant rempli auprès du préfet de . . . . . les formalités voulues par la loi, afin d'être autorisé à fonder à . . . . . , département de . . . . , un établissement de . . . . , il en est résulté :

Qu'aucune réclamation ne s'est élevée contre ma demande ; que la commune dans le rayon de laquelle l'établissement doit être formé, loin d'apercevoir le moindre inconvénient dans mon projet, n'y voit que des moyens de travail offerts à une population nombreuse, à toutes les époques de l'année.

D'après ces considérations étayées des pièces ci-jointes, je supplie Votre Excellence de m'accorder l'autorisation sans laquelle je ne puis réaliser mon projet.

Je suis, etc.

Pour demander la suppression d'un établissement incommode.

A S. Exc., etc.

Monseigneur,

Les soussignés, tous propriétaires ou principaux habitans de la commune de..., département de......., ont l'honneur d'exposer à Votre Excellence : que, malgré leurs réclamations, l'autorité permit au sieur.... d'établir (*désigner l'époque*) à...... toises de quelques-unes de leurs habitations, une fabrique de.....

Ce voisinage fut supportable tant que le sieur.... se conforma aux conditions qui lui avaient été imposées : mais depuis quelque temps les travaux ont pris une activité inusitée ; et qui plus est, le sieur..... les a étendus à plusieurs objets qui n'avaient pas été compris dans sa demande en autorisation, notamment à.....

Ces circonstances , jointes au défaut de précaution et au mauvais ordre qui règnent dans cette usine , exposent tous les habitans du canton à des dangers continuels , outre que les émanations qui se répandent dans un rayon fort étendu font dépérir les récoltes de toute espèce , et compromettent gravement la santé des hommes et des bestiaux.

Plusieurs réclamations adressées au préfet ont été renvoyées au maire de la commune de . . . . . . , qui, ayant un intérêt dans la susdite exploitation , a toujours trouvé les moyens d'étouffer les plaintes de ses administrés.

Ainsi rebutés par l'autorité administrative , les exposans prennent le seul parti qui leur reste , et supplient instamment Votre Excellence de prendre les mesures les plus promptes pour les débarrasser d'un voisinage qui les forcerait à abandonner leurs propriétés.

Ils ont l'honneur d'être avec respect,

　　　Monseigneur , etc.

Nota. Un décret du 15 octobre 1810 sur la police et la surveillance des établissemens dangereux ou incommodes, divise ces établissemens en trois classes, savoir :

Ceux de la première classe, qui doivent être éloignés de toute espèce d'habitations, sont : les fabriques d'amidon, de bleu de Prusse, de charbon épuré, de colle forte, de cordes harmoniques, d'eaux fortes , de suif brun, de minium, de sel ammoniac, de soude factice, de toiles et taffetas vernis , de tourbe carbonisée, de cuirs vernis, de cartons, d'huiles animales, de vernis ; les artificiers , boyaudiers, cretonniers, écarrisseurs ; les ménageries , porcheries, triperies, tueries, poudrettes, rouissage, fours à chaux et à plâtre , échaudoirs.

Ceux de la deuxième classe peuvent être placés auprès des habitations, pourvu que toutes les mesures aient été prises pour que les voisins n'en soient point incommodés ; ce sont : les chandeliers, corroyeurs, hongroyeurs, mégissiers, dépôts de cuirs verts, couverturiers, distillateurs, fondeurs et affineurs de métaux, teinturiers ; filateurs de soie ; les fabriques de ceruse, de suif en branche, de plomb de chasse, de noir animal et de fumée ; les amphitéâtres de dissection ; les vacheries , plomberies, blanchisseries à l'acide muriatique oxigéné.

La troisième classe comprend les établissemens simplement placés sous la surveillance de la police locale ; telles sont les fabriques d'alun ; de boutons, de colles ordinaires , de papiers peints , de cornes transparentes , de caractères d'impression , de vitriol , de savons ; les brasseurs, ciriers, doreurs sur métaux, boulangers, etc.

Pour obtenir l'autorisation nécessaire pour

former un établissement compris dans l'une de ces trois classes , il faut en adresser d'abord la demande au préfet, qui la fait afficher dans toutes les communes environnantes ; et si dans un délai donné il ne s'élève aucune réclamation sérieuse , il transmet sa demande et ses propres observations au ministre , qui prononce défini- tivement.

Les demandes pour la deuxième classe sont adressées au sous–préfet, qui , après avoir pris l'avis du maire de la commune où l'éta- blissement doit être formé , envoie le tout au préfet du département, et celui-ci prononce.

Les établissemens de la troisième classe n'ont besoin que d'une simple autorisation de police locale.

Pour demander des secours par suite de désastres.

A Son Exc. , etc.

(*Nom ,* *etc.*)

Monseigneur ,

M. . . . . ., cultivateur à . . . . . ., département de . . . , expose humblement à Votre Excellence : Que l'orage qui a éclaté sur cette commune le . . . . . ., a tout à la fois ravagé son champ de manière à ne lui laisser aucun espoir de récolte, et consumé par le feu du ciel sa maison avec tout ce qu'elle renfermait en bestiaux, grains et ustensiles de labourage.

Dans cette triste position, réduit à travailler pour les autres jusqu'à ce qu'il ait réuni les moyens de réparer sa perte, il a l'honneur de supplier Votre Excellence de lui accorder sur les fonds de secours généraux, une somme qui le mette provisoirement en état de faire subsister sa nombreuse famille.

Puissent les certificats ci-joints, en attestant l'étendue de ses pertes et sa moralité, lui servir de titres à la bienveillance de Votre Excellence!

L'exposant est avec le plus profond respect, Monseigneur, etc.

Pour demander la récompense d'une belle action.

A Son Exc., etc.

Monseigneur,

Un incendie terrible ayant éclaté le .. de ce mois chez......, j'ai été assez heureux pour arracher du milieu des flammes quelques-unes des victimes de ce déplorable événement, et sauver leurs effets les plus précieux.

Si cette action peut avoir quelque mérite de ma part, j'en suis plus que récompensé par la satisfaction d'avoir, ainsi que tant d'autres braves gens qui se sont dévoués comme moi, fait mon devoir.

Mais les blessures graves que j'ai reçues dans cette circonstance, me mettant peut-être pour toujours hors d'état de faire subsister ma femme et trois enfans en bas âge, qui ne vivent que du fruit de mon travail, je prends la liberté de les recommander aux bontés de Votre Exc.

Je suis, etc.

Pour demander une place d'Agent de Change ou de Courtier de Commerce.

A Son Exc., etc.

(*Nom, etc.*)

Monseigneur,

La charge du sieur . . . . ., agent de change, ou, courtier de commerce près la bourse de . . . . étant à la veille de devenir vacante par (*désigner le motif*), je supplie Votre Excellence de daigner solliciter auprès de Sa Majesté, ma nomination à cette charge en remplacement du sieur . . . .

Les attestations honorables du tribunal de commerce et des principales maisons de ladite place, me suffiront, je l'espère, pour mériter la confiance de Votre Excellence, et ma seule ambition sera de remplir mes fonctions avec honneur et probité.

Je suis avec le plus profond respect, etc.

Pour se plaindre d'un Préfet en matière d'élections.

A Son Exc. , etc.

Monseigneur,

Domicilié depuis long-temps dans la commune de . . . . , j'y possède , indépendamment de mon commerce qui m'assujétit à une patente de . . . . . . , une propriété taxée depuis plusieurs années à la somme de . . . , ainsi qu'il résulte des extraits de rôle ci-joints. Aussi, depuis le don de la Charte, n'avais-je pas cessé une seule année d'exercer mes fonctions électorales.

Je ne fus donc pas médiocrement surpris de voir mon nom omis sur la liste affichée cette année par ordre de M. le préfet de . . . ; toutes mes pièces ayant été produites et trouvées conformes depuis long-temps , je me hâtai de réclamer contre cette omission , bien persuadé qu'elle serait réparée dans la première liste supplémentaire , mais je fus trompé dans mon attente. De retour d'un voyage à . . . . , la veille du jour de clôture des listes , et n'y voyant pas encore mon nom, je me présentai devant monsieur le préfet, non sans avoir éprouvé des difficultés infinies pour parvenir jusqu'à lui.

Ce fonctionnaire, pour toute réponse à mes justes réclamations, se contenta de me dire

avec beaucoup de hauteur que les pièces produites par moi ne constataient pas suffisam-
ment mes droits, ajoutant que j'étais un per-
turbateur, et qu'il me ferait arrêter si je ne
me retirais.

Je pris ce dernier parti, ne voulant pas laisser
à monsieur le préfet le moindre prétexte d'une
violence qui l'eût mis à même de satisfaire un
petit ressentiment particulier fondé sur des discussions d'intérêt ; mais je me suis empressé
d'informer Votre Excellence d'un abus de pouvoir aussi odieux, afin qu'elle prenne à l'égard
du coupable les mesures qu'elle jugera nécessaires dans sa sagesse.

Je suis avec respect, etc.

*Pour demander à être admis dans un établissement
de bienfaisance.*

A Son Exc., etc.

(*Nom, prénoms, âge, domicile.*)

Monseigneur,

Un vieillard courbé sous le poids des années
et dépourvu de tout appui, supplie humblement
Votre Excellence de daigner lui accorder la
première des places gratuites à sa nomination,
qui viendra à vaquer dans la maison, *ou,* l'hospice de . . . .

Cette faveur lui procurerait les moyens de

terminer en paix sa carrière ; et les pièces ci-jointes prouveront à Votre Excellence que l'exposant n'est pas indigne de ses bontés.

Il est avec le plus profond respect, etc.

Pour demander une place gratuite d'élève dans une école royale.

A Son Exc. , etc.

Monseigneur,

P. . . . . . , père de six enfans, expose respectueusement à Votre Excellence : qu'après leur avoir donné , selon ses faibles ressources , l'éducation la plus indispensable, il a la douleur de ne pouvoir pousser plus loin ses sacrifices.

L'un d'eux, dont il joint ici l'extrait de naissance , montre beaucoup de goût pour l'étude de . . . . , dans laquelle il ne pourrait manquer de faire de rapides progrès si ses heureuses dispositions étaient cultivées.

L'exposant supplie en conséquence Votre Excellence de daigner prendre cet enfant sous sa puissante protection ; et de l'admettre, aux frais du Gouvernement, dans la maison royale de...

Des malheurs non mérités , et le vif intérêt que prennent à lui MM. . . . . , permettent à l'exposant d'espérer que Votre Excellence ne rejetera pas sa demande.

Il a l'honneur d'être , etc.

Pour réclamer le prix d'une propriété prise par l'état pour motif d'utilité publique.

A Son Exc., etc.

(*Nom*, *etc.*)

Monseigneur,

Propriétaire d'un terrain situé commune de ..., je savais par la voix publique qu'une portion de ma propriété devait être sacrifiée pour donner passage à une route projetée ; mais je savais aussi que la Charte, en exigeant quelquefois le sacrifice d'une propriété particulière pour motif d'utilité publique, veut que le propriétaire dépossédé soit préalablement indemnisé.

L'administration des ponts-et-chaussées n'en a pas agi ainsi avec moi ; car ses agens ont commencé leurs travaux sur mon territoire le ...., non-seulement sans qu'il eût été question d'indemnité préalable, mais même sans m'en prévenir.

Après deux mois de réc'amations à cet égard, je viens enfin de recevoir de ...... une lettre par laquelle on m'annonce que j'ai droit à une somme de ..... pour indemnisation de .... toises de terrain qui m'ont été enlevées.

Attendu que cette allocation est fort au-dessous de la valeur réelle, et que d'ailleurs toutes les formes légales ont été violées à mon égard, je prie respectueusement Votre Excellence de vouloir bien interposer son autorité dans cette affaire, afin que justice me soit rendue.

J'ai l'honneur d'être,

Monseigneur, etc.

Nota. Les demandes de ce genre sont d'abord adressées au préfet du département ou au directeur général des ponts et chaussées.

MINISTÈRE DES FINANCES.

Ce département embrasse tout ce qui concerne directement ou indirectement les revenus et dépenses de l'état.

Il est partagé en quatre grandes divisions ou *directions* : 1° des contributions directes et du secrétariat ; 2° de la dette inscrite ; 3° de la comptabilité des finances ; 4° du mouvement des fonds.

Chacune de ces quatre directions se subdivise en un grand nombre de bureaux.

Les motifs pour lesquels on peut adresser pétition au ministre des finances, sont aussi nombreux que ses attributions sont étendues.

Pour demander une perception ou une recette particulière.

A Son Exc. Monseigneur le Ministre Secrétaire d'État au département des finances, président du conseil (1).

Monseigneur,

P.... L..., capitaine en retraite, chevalier de la Légion-d'Honneur, demeurant à ..., supplie respectueusement Votre Excellence de daigner lui accorder une des premières places qui viendront à vaquer, de percepteur, *ou*, **de** receveur particulier des finances.

D'anciennes blessures reçues au service, **et** qui, jointes à l'exiguité de ses moyens pécuniaires, ne lui permettent de se livrer à aucune industrie utile, sont ses seules recommandations auprès de Votre Excellence; mais il ose se flatter qu'elles ne seront pas vaines.

Il est, en attendant votre décision,

Monseigneur,

De Votre Excellence, etc.

______

(1) La présidence du conseil n'est point une des attributions essentielles du ministre des finances; **mais** elle lui appartient aujourd'hui.

Pour demander un bureau de timbre ou de loterie.

A S. Exc., etc.

(*Nom, prénoms, domicile du pétitionnaire.*)

Monseigneur,

J'ai l'honneur d'exposer à Votre Excellence : que la mort de mon époux, décédé le . . ., par suite de . . . . . ., me laisse sans aucun moyen d'existence, ce qui me détermine à supplier Votre Excellence de daigner m'accorder le premier débit de timbre, *ou*, bureau de loterie dont elle pourra disposer.

Fille de feu . . . ., qui, après quarante années de bons et loyaux services dans . . . ., n'a laissé à sa famille d'autre héritage qu'un nom sans tache ; puissent, Monseigneur, cette recommandation, et mon titre de mère de deux enfans en bas âge dont je suis aujourd'hui l'unique soutien, me donner quelques droits à la bienveillance de Votre Excellence !

J'ai l'honneur d'être avec respect,
Monseigneur, etc.

Nota. Les bureaux de timbre, de loterie, de tabac, etc., sont, sauf destitution, une sorte de propriété entre les mains des titulaire. Le plus court parti est donc de chercher, lorsque l'on a quelques moyens pécuniaires, quelqu'un

qui veuille se retirer afin d'acheter son bureau :
mais dans cette hypothèse, il faut encore se
faire agréer ou nommer par le ministre, ce
qui n'est pas toujours facile. Cependant il y a
de temps en temps quelques-unes de ces places
qui vaquent soit par destitution soit autrement :
il faut être extraordinairement protégé pour les
obtenir. Ces places sont ordinairement occupées
par des veuves ou filles de militaires, d'employés du gouvernement ; ou servent de retraite
à d'anciens employés des administrations finan-
cières.

Pour demander à permuter ou à être réintégré
dans une place.

A Son Exc., etc.

(*Nom*, *etc.*)

Monseigneur,

Transféré par ordre de Votre Excellence,
le . . ., de la perception de . . . ., département
de . . . ., que j'occupais depuis . . . . . ., à celle
de . . ., qui m'isole entièrement de ma famille,
des propriétés que je possède dans le pays, et
me tient éloigné d'un père âgé et infirme qui
réclame tous mes soins ; j'apprends que M . . .,
qui m'a remplacé dans la susdite perception,
ne ferait pas de difficulté d'accepter celle que

j'occupe aujourd'hui, qui d'ailleurs lui offrirait quelques avantages particuliers.

Je prends en conséquence, Monseigneur, la liberté de solliciter de Votre Excellence, non l'avancement auquel mon ancienneté pourrait me donner droit, mais la faveur de permuter la place que j'occupe aujourd'hui contre celle que j'avais autrefois.

Une conduite irréprochable pendant . . . . . années de service, et la légitimité de mes motifs, me portent à espérer, Monseigneur, que Votre Excellence daignera accueillir ma demande.

Je suis avec respect,

Monseigneur,

De Votre Excellence, etc.

Pour obtenir la liquidation d'un cautionnement.

A S. Exc., etc.

(Nom, etc.)

Monseigneur,

J'ai l'honneur d'exposer a Votre Excellence : qu'après avoir obtenu, le . . ., de la cour des comptes, le *quitus* définitif de ma comptabilité, en qualité de..., je postule depuis cette époque, sans pouvoir l'obtenir, le remboursement du cautionnement en espèces que j'avais fourni en madite qualité.

Un semblable retard, qui ne peut plus avoir de motif plausible puisque toutes mes pièces ont été reconnues en règle, me cause d'autant plus de préjudice, qu'il entrave des projets que je ne puis exécuter qu'avec les fonds de mon cautionnement.

Ces motifs me font espérer, Monseigneur, que Votre Excellence daignera intervenir dans cette affaire, et donner des ordres afin que ma liquidation n'éprouve plus de retard.

Je suis, etc.

Pour obtenir un quitus.

A Son Exc., etc.

Monseigneur,

Depuis le . . . ., c'est-à-dire trois mois après ma démission de la place de . . . . ., j'ai déposé dans les bureaux de . . . . . toutes les pièces de ma comptabilité parfaitement régularisées, et j'avais lieu de croire que mon quitus définitif me serait délivré sous un très-br f délai.

Cependant je postule vainement depuis lors, et l'on me renvoie de semaine en semaine, sous le prétexte que l'on n'a pas encore pu s'occuper de mon affaire.

Le désir d'obtenir la liquidation de mon cautionnement me retenant à Paris au grand préjudice de mes affaires; et ne pouvant y parvenir sans cette pièce importante, je supplie Votre Excellence de daigner ordonner qu'elle me soit délivrée dans le plus bref délai.

Je suis avec un profond respect, etc.

Pour demander une pension de retraite.

A Son Exc., etc.

(*Nom, prénoms et grade de l'employé.*)

Monseigneur,

J'ai l'honneur d'exposer à Votre Excellence : qu'entré au service le . . . ., en qualité de . . ., je n'ai cessé depuis d'être en activité soit dans cette place, soit dans celles que j'ai successivement occupées jusqu'aujourd'hui.

Mon âge et le besoin de prendre quelque repos, me faisant désirer de jouir du bénéfice que la loi accorde à tout employé au bout de . . . . . . années de services, je supplie Votre Excellence de daigner m'accorder ma retraite et la pension à laquelle les règlemens me donnent droit.

Je suis avec le plus profond respect, etc.

Pour demander la liquidation d'une pension.

A Son Exc., etc.

Monseigneur,

P. . . . V. . . ., veuve de . . . ., a l'honneur

d'exposer à Votre Excellence : qu'une demande en règlement de la pension à laquelle les services de feu son mari lui donnent droit, fut adressée par elle à . . . . . , le . . . . ; et renvoyée depuis dans les bureaux des finances, comme faisant partie des pensions à payer sur les fonds généraux.

Ayant fait vainement de nombreuses démarches pour connaître le résultat de sa demande, l'exposante supplie Votre Excellence de vouloir bien faire cesser un état d'incertitude extrêmement pénible, en ordonnant la prompte liquidation de sa pension.

Elle est avec le plus profond respect, etc.

Pour réclamer l'ordonnancement d'une créance.

A Son Exc., etc.

(*Nom, etc.*)

Monseigneur,

Je réclame depuis . . . . . le paiement d'une somme de . . . . , qui m'est due pour . . . . . ; et quoique j'aie depuis long-temps fourni à l'appui de ma demande toutes les pièces nécessaires, je ne suis pas plus avancé que le premier jour.

Les soins que je suis forcé de donner à cette affaire me forçant d'en négliger beaucoup d'autres qui ne réclament pas moins mon attention, je prie respectueusement Votre Excellence de daigner s'informer du motif d'un semblable retard, et me faire délivrer l'ordonnance que j'attends depuis si long-temps.

J'ai l'honneur d'être avec respect, etc.

Pour toucher une somme faisant partie de la succession d'un militaire décédé.

A Son Exc. , etc.

Monseigneur,

Les soussignés héritiers, ainsi qu'ils le justifient par les pièces ci-jointes, du sieur (*nom, prénoms, grade, désignation du corps*), décédé le . . . . ., à . . . . ., comme l'atteste l'extrait mortuaire joint aux pièces ; supplient Votre Excellence de vouloir bien les autoriser à toucher au trésor la somme de . . . ., qui restait due au sieur . . . . . pour . . ., au moment de son décès.

Les soussignés sont avec respect,
Monseigneur,
De Votre Excellence , etc.

MINISTÈRE DE LA GUERRE.

Ce département embrasse, ainsi que son nom l'indique, tout ce qui se rapporte aux affaires de la guerre de terre; à l'entretien, la défense et l'approvisionnement des places de guerre; à la levée, l'entretien et l'emploi des troupes, etc. Il se partage en cinq grandes branches, subdivisées ainsi qu'il suit en un certain nombre de bureaux :

Secrétariat général : Dépêches et enregistrement, lois et archives, service intérieur du ministère, caisse.

Direction du Personnel : mouvement des troupes; écoles militaires, recrutement; infanterie, cavalerie, états-majors de places, compagnies sédentaires, invalides; justice militaire, grâces, décorations, gendarmerie, artillerie, génie.

Direction générale de l'Administration : Comptabilité générale et budgets, soldes et revues, transports, convois, équipages militaires, hôpitaux, habillement, harnachement, lits militaires, pensions, secours et traitemens de réforme, vivres, fourrages, comptabilité des subsistances.

Direction du Dépôt de la Guerre. Elle embrasse tout ce qui concerne les travaux historiques, statistiques, topographiques, etc., appliqués à l'art de la guerre ; en un mot, toute la partie scientifique de cet art.

Service des Poudres et Salpêtres. Ce service embrasse tout ce qui se rattache directement ou indirectement à la fabrication et à l'approvisionnement des poudres.

Nota. Les militaires en activité de service qui ont quelques demandes à faire , s'adressent à leurs chefs respectifs ; les autres et les officiers supérieurs, s'adressent directement au ministre.

Pour un militaire qui demande de l'activité.

A Son Excellence Monseigneur le Ministre Secrétaire-d'État au département de la guerre.

(*Nom*, *prénoms*, *etc.*)

Monseigneur,

Le besoin de restreindre les cadres de l'armée a fait mettre en disponibilité beaucoup d'officiers encore pleins de vigueur , et je me trouve de ce nombre depuis le . . . .

Cet état d'inaction étant insupportable pour un homme accoutumé à la vie active des camps, je prie instamment Votre Excellence de m'en faire sortir, en me rendant de l'activité.

Cette faveur me comblera de reconnaissance et sera un titre de plus à mon dévouement.

Je suis avec un profond respect, etc.

Pour un militaire retiré qui demande du service.

A Son Exc. , etc.

(*Nom*, *prénoms*, *etc.*)

Monseigneur,

La guerre qui se prépare contre . . . . fait un

devoir à tous les Français qui n'ont pas achevé de payer leur dette à la patrie, de revoler sous les drapeaux.

Admis à la retraite le . . . , par suite de mes blessures, quelques années ont suffi pour me rendre ma vigueur naturelle; et le désir de me mesurer encore une fois avec les ennemis de la France, achève de me faire oublier mes anciennes fatigues.

Veuillez donc, Monseigneur, m'admettre encore une fois dans ces rangs où j'ai eu le bonheur de combattre si souvent sous vos ordres. Quel que soit le grade dans lequel il plaise à Votre Excellence de me placer, je montrerai à nos jeunes soldats comment on doit servir sa patrie et son prince.

Je suis, etc.

Pour un militaire en activité contre lequel on exerce des poursuites au mépris de la loi.

A Son Exc., etc.

(*Nom, prénoms, etc.*)

Monseigneur,

Tandis que je combats aux frontières pour la défense du territoire, j'apprends que le sieur L. . . . . . profite de mon absence pour exercer contre moi des poursuites, dont l'effet ne ten—

drait à rien moins qu'à me dépouiller du chétif patrimoine que je possède à . . . . .

Ma présence sous les drapeaux ne me permettant pas de défendre mes propres intérêts contre les prétentions exagérées du sieur . . . , j'ai recours à Votre Excellence, et la supplie de ne pas permettre que l'on viole ainsi à mon égard la loi qui veille à la conservation de la propriété des militaires absens.

Monseigneur, vous êtes le père et l'appui du soldat; c'est à ce titre que j'implore votre protection.

Je suis, etc.

Pour un militaire qui demande de l'avancement.

A S. Exc., etc.

(*Nom*, *prénoms*, *etc.*)

Monseigneur,

Enrôlé comme simple soldat dans le régiment de . . . . . ., j'ai passé successivement par tous les grades intermédiaires jusqu'à celui de . . ., que je possède depuis. . . . . .; et chacun d'eux a été, je puis le dire, le prix d'une action d'éclat.

L'état de paix dans lequel la France se repose depuis si long-temps, ne me permettant plus d'attendre de mes propres travaux un nouvel avancement, je suis forcé de le chercher déso mais dans l'ancienneté.

Je prends en conséquence, Monseigneur, la liberté d'exposer à Votre Excellence que j'ai... années de grade dans celui de ......; et la supplie de vouloir bien m'accorder la première place vacante dans celui de ....., auquel les règlemens sur l'ancienneté me permettent d'aspirer.

Je suis avec un profond respect, etc.

Pour un militaire qui demande un congé.

A Son Exc., etc.

(*Nom, prénoms, etc.*)

Monseigneur,

J'ai la douleur d'apprendre que la mort vient de m'enlever mon respectable père, décédé le ...., à ....

Cette circonstance rendant indispensable ma présence au sein de ma famille, afin de défendre mes intérêts contre des collatéraux qui ne négligeraient aucuns moyens de spolier la succession ; je supplie respectueusement Votre Excellence de daigner m'accorder un congé provisoire de trois mois, qui me paraît suffisant pour mettre ordre à mes affaires.

La légitimité de mes motifs, la recommandation de mon colonel qui veut bien appuyer ma demande, me permettent d'espérer que Votre Excellence daignera y faire droit.

Je suis avec respect, etc.

Pour demander une feuille de route et des indemnités.

A Son Exc., etc.

(*Nom, prénoms, etc.*)

Monseigneur,

J'ai l'honneur d'exposer à Votre Excellence : qu'un ordre de sa part, en date du . . . . ., me fit quitter mon domicile le . . . suivant, pour être attaché, en qualité de . . . ., au corps d'armée de . . . .

Les opérations de cette armée ayant été presque aussitôt terminées que commencées, je viens de recevoir mon licenciement en date du . . . . ., avec permission de me rendre où bon me semblera.

Mon intention est de revenir dans mes foyers ; mais le peu de temps que j'ai été employé ne m'ayant pas permis de couvrir les dépenses de mon entrée en campagne, je suis retenu ici par le manque absolu de moyens : d'ailleurs on me refuse une feuille de route, sous le prétexte qu'il n'en est pas fait mention sur mon ordre de licenciement.

Je supplie en conséquence Votre Excellence de daigner me faire délivrer cette feuille, avec les frais de route et l'indemnité d'entrée en campagne, attachés à mon grade.

J'ai l'honneur d'être avec respect, etc.

Pour obtenir des renseignemens sur un militaire.

A Son Exc., etc.

Monseigneur,

N...., épouse du sieur N...., chef d'escadron au régiment de..., né à...., département de..., le...., a l'honneur d'exposer à Votre Excellence : que n'ayant reçu aucune nouvelle directe de son mari depuis le..., tous les renseignemens qu'elle a cherchés sur son compte, n'ont abouti qu'à lui faire présumer qu'il se trouvait à l'affaire de......, et que l'on n'a plus entendu parler de lui depuis cette journée.

Le silence inusité de son mari ne donnant à l'exposante que de trop justes motifs de crainte, elle supplie instamment Votre Excellence de daigner faire faire les perquisitions nécessaires pour découvrir le sort de cet officier.

Elle est en attendant, etc.

Pour faire constater l'absence d'un militaire.

A Son Exc. , etc.

Monseigneur,

Les soussignés, frères de . . . . . (*nom , prénoms , lieu et date de naissance , grade , désignation de l'arme*), ont l'honneur d'exposer à Votre Excellence :

Que , privés depuis long-temps de nouvelles de leur frère, il résulte de renseignemens positifs qu'ils ont fait prendre , qu'il était avec son corps à la bataille de . . . . . , où son bataillon a particulièrement beaucoup souffert. Son nom ne se trouvant plus depuis lors ni sur les contrôles de sa compagnie , ni sur la liste des morts ou des prisonniers, les soussignés ont fait dans les bureaux de la guerre de vaines recherches pour obtenir à des données plus positives.

N'ayant pu y parvenir, ils ont l'honneur de prier Votre Excellence de vouloir bien leur faire délivrer un certificat constatant que , depuis l'affaire de . . . . , il n'a pu être recueilli aucun renseignement sur ledit L . . . . . , leur frère ; afin qu'ils puissent faire prononcer son absence pour procéder au partage d'une succession produite par la mort de leur père.

Ils ont l'honneur d'être , etc.

*Pour demander une pension de veuve et l'admission
d'un enfant dans une école militaire.*

A Son Exc., etc.

(Nom, prénoms, etc.)

Monseigneur,

J'ai l'honneur d'exposer à Votre Excellence :
que L...., mon mari, né à..., departement
de...., le....., sergent à la 2ᵉ compagnie,
3ᵉ bataillon du ... régiment d'infanterie de
ligne ; ayant sauté le premier dans les retran-
chemens ennemis à l'affaire de ..., enleva de
sa main deux officiers, un drapeau, et mérita
l'honneur de recevoir sur le champ de bataille
même les épaulettes de lieutenant.

Il ne jouit pas long-temps de cet honneur, et
mourut le lendemain, des blessures reçues pendant cette affaire.

Je supplie en conséquence Votre Excellence,
de vouloir bien faire liquider le plus promptement possible un pension qui devient aujour-
d'hui ma seule ressource ; et, en récompense
de la brillante conduite de mon mari, admettre
dans une école militaire, au compte du gouvernement, mon fils aîné âgé de ...

La protection que Votre Excellence se plaît
à accorder aux familles des braves tués sous

les drapeaux, me permet d'espérer qu'elle **ne** rejettera pas ma double demande.

J'ai l'honneur d'être, etc.

Nota. Il ne faudrait pas manquer de joindre à cette demande les états de service et l'acte de décès du mari, l'acte de mariage de la veuve, et l'acte de naissance de l'enfant.

Pour réclamer une pension en faveur des enfans d'un militaire.

A Son Exc., etc.

(*Nom*, *prénoms, etc.*)

Monseigneur,

L...., grenadier au ... régiment d'infanterie de ligne, ...bataillon, ... compagnie; tué sur la brèche à l'assaut de la forteresse de ....; a laissé deux enfans, dont l'aîné n'a que douze ans et le plus jeune huit.

Ce brave soldat n'ayant laissé à ses fils d'autre appui que l'état, je viens, en qualité de leur tuteur, réclamer en leur faveur la protection de Votre Excellence; et vous prier, Monseigneur, de leur accorder une pension en attendant que leur âge permette de faire davantage pour eux.

J'ai l'honneur d'être avec respect,

Monseigneur, etc.

Pour demander, en faveur de la femme ou des enfans d'un militaire, une retenue sur son traitement.

A Son Exc., etc.

(*Nom, prénoms, etc.*)

Monseigneur :

J'ai l'honneur d'exposer à Votre Excellence : que le sieur . . . ., capitaine en retraite, résidant à . . ., laisse depuis deux ans dans le dénuement le plus absolu, une épouse vertueuse et trois enfans en bas âge qu'elle est réduite à nourrir du travail de ses doigts ; tandis que lui, possédant outre sa pension de . . . . ., un revenu plus que suffisant à ses besoins, entretient une liaison illicite, et vit dans l'aisance et les plaisirs.

Beau-frère de ce père dénaturé, je prends en cette qualité, Monseigneur, la liberté de vous supplier de vouloir bien le forcer à déléguer sur sa pension une somme suffisante pour assurer l'existence de sa famille.

J'attends cette faveur de votre équité, et suis avec respect, etc.

Pour un militaire qui demande la permission de se marier.

A Son Exc. , etc.

(*Nom,* *prénoms, etc.*)

Monseigneur,

J'ai l'honneur d'exposer à Votre Excellence : qu'un moment de faiblesse m'a rendu coupable envers Mademoiselle . . . ., fille de . . . . (*indiquer les noms, profession et domicile des parens*), d'une faute que je ne puis réparer que par un mariage légitime.

Je prends en conséquence , Monseigneur, la respectueuse liberté de supplier Votre Excellence de vouloir bien m'accorder la permission nécessaire pour contracter cette union.

Cette faveur me sera d'autant plus précieuse qu'elle me permettra de rendre l'honneur et le repos à une famille respectable : elle sera d'ailleurs un motif de plus pour moi de ne jamais m'écarter de la ligne des devoirs d'un officier, ou d'un soldat français.

Je suis avec le plus profond respect, etc.

Autre pour le même objet.

A Son Exc. , etc.

Monseigneur ,

P. . . . L. . . ., capitaine en retraite, domicilié à . . . ., expose respectueusement à Votre Excellence : qu'un mariage avec Mademoiselle . . . ., fille de . . . ., lui offrirait, sous le rapport de la fortune, un établissement des plus avantageux ; et sous celui des convenances sociales, tout ce qui peut assurer le bonheur d'un honnête homme.

Ces considérations lui font espérer, Monseigneur, que Votre Excellence daignera accorder son consentement à une union qui comblera les vœux de deux familles, et fournira un jour de nouveaux défenseurs à l'état.

L'exposant est avec respect,

Monseigneur, etc.

Pour un soldat qui demande à être admis dans une compagnie sédentaire.

A Son Exc., etc.

Monseigneur,

P. . . . . . (*Nom, prénoms, date et lieu de naissance, grade, arme, domicile, etc.*) a l'honneur d'exposer à Votre Excellence : qu'il n'a été réformé du corps où il servait depuis . . . . ., qu'à cause de son âge, sans qu'il ait aucune infirmité qui l'empêche de continuer le service.

Il supplie en conséquence Votre Excellence de vouloir bien l'admettre dans l'un des corps sédentaires qu'il plaira à Votre Excellence de lui désigner. Les certificats de bonne conduite qu'il joint à l'appui de sa demande, lui permettent d'espérer qu'elle ne sera pas rejetée.

Il est avec un profond respect, etc.

Pour un militaire qui demande à entrer aux Invalides.

A Son Exc., etc.

Monseigneur,

P..... (*Nom, prénoms, date et lieu de naissance, date de l'entrée au service, désignation de l'arme et du dernier grade, domicile*) a l'honneur d'exposer à Votre Excellence :

Qu'il a été réformé le .... par suite d'une blessure qui a nécessité l'amputation de la jambe gauche.

Cet accident, joint à d'autres blessures qui le privent presque entièrement du bras droit, le mettant non-seulement hors d'état de service, mais encore dans l'impossibilité de travailler; il supplie Votre Excellence de daigner lui accorder pour dédommagement, son admission à l'hôtel royal des Invalides.

Plein d'espoir dans les bontés de Votre Excellence, il est avec respect,

Monseigneur,

De Votre Excellence, etc.

*Pour obtenir le paiement de fournitures faites pour
l'une des branches du service de la guerre.*

A Son Exc., etc.

(*Nom, prénoms, etc.*)

Monseigneur,

Le . . . . dernier je passai avec l'administration des vivres de la guerre, un marché par lequel je m'engageais à fournir, à des époques fixes les objets ci-après. . . . ., sous la condition expresse d'être payé de la manière suivante : . . . .

L'expédition ci-jointe de mon marché avec monsieur l'intendant militaire, les récépissés et autres pièces qui y sont annexées, prouveront à Votre Excellence, que les fournitures auxquelles j'étais tenu ont toutes été exécutées avec exactitude.

Cependant, après un premier paiement de la somme de . . ., qui m'a été fait le . . ., je n'ai rien reçu depuis, quelques réclamations que j'aie pu faire.

Ce retard de paiement compromettant d'une manière grave les engagemens que j'ai été forcé de contracter pour assurer mon service, et ne pouvant d'ailleurs être fondé sur aucun motif plausible, je supplie Votre Excellence de me faire ordonnancer la somme de . . ., qui m'est bien légitimement due , ainsi que **Votre Excellence** pourra facilement s'en convaincre.

Plein de confiance dans l'équité de **Votre Excellence**, je suis avec respect , etc.

Pour réclamer le paiement de réquisitions fournies pour le service militaire.

A Son Exc. , etc.

(*Nom , etc.*)

Monseigneur,

Pendant le mois de . . . . . j'ai fourni , sur la réquisition de . . ., pour le service de l'artillerie et du génie de la place de . . . . , les matériaux et transports dont l'état duement légalisé est annexé ci-joint.

M'étant plusieurs fois présenté dans les bureaux de . . . . pour obtenir le paiement de la somme de . . . . . , à laquelle se montent lesdites réquisitions , ainsi que le reconnaissent les autorités militaires qui les ont reçues , je n'ai pu en obtenir que des réponses évasives.

Le paiement de cette somme étant d'autant plus légitime , que j'ai été forcé à de grands sacrifices pour pouvoir obtempérer aux réquisitions de . . ., j'ai reconrs à l'autorité de **Votre Excellence**, persuadé qu'elle daignera m'en faire solder sans nouveaux délais.

Je suis avec le plus profond respect, *etc.*

Pour réclamer des sommes dues par un ou plusieurs militaires.

A Son Exc., etc.

Monseigneur,

Les soussignés, tous marchands et habitans de la ville de . . . . ., ont l'honneur d'exposer à Votre Excellence :

Que le régiment de . . . ., ayant tenu garnison dans leur ville depuis le . . . jusqu'au . . ., plusieurs officiers et militaires de tous grades contractèrent chez les soussignés, pour divers motifs, des dettes dont l'état se trouve ci-joint, et qui n'ont pas été acquittées au départ du corps.

Les soussignés ayant fait depuis lors, tant auprès desdits militaires qu'auprès du conseil d'administration, toutes les diligences imaginables sans en obtenir aucun résultat, ils prient respectueusement Votre Excellence de daigner interposer son autorité, pour les faire payer de sommes provenant pour la plupart de fournitures d'alimens, vêtemens et autres objets non moins légitimes.

Ils sont avec un profond respect, etc.

Nota. Il est utile et même nécessaire, que dans les pétitions de ce genre adressées collectivement, les signatures soient légalisées et les faits certifiés, s'il est possible, par le maire ou toute autre autorité compétente.

Pour demander la résiliation d'un marché.

A Son Exc., etc.,

(*Nom, etc.*)

Monseigneur,

Le .. du mois de . . . j'ai passé avec M. . . . un marché par lequel je suis engagé à fournir pour le service des charrois militaires (*désigner les objets*), au prix de . . . . .

L'extrême modicité de ce prix, jointe au renchérissement imprévu de . . . ., ne me permettant plus de remplir mes engagemens sans des pertes énormes, je supplie Votre Excellence de vouloir bien m'accorder ou une augmentation de prix proportionnée à la valeur surnaturelle des objets que je suis engagé à fournir, ou la résiliation d'un marché évidemment trop onéreux pour moi.

Plein de confiance dans l'équité de Votre Excellence, j'ose espérer, Monseigneur, que vous ne voudrez pas causer la ruine d'un père de famille qui, dans cette circonstance, a plus consulté les lois d'une sévère probité que son propre intérêt.

J'ai l'honneur d'être,

Monseigneur, etc.

Pour demander une audience.

A Son Exc., etc.

Monseigneur,

J'ai pris la liberté d'adresser à Votre Excellence, le . . . . , un placet tendant à . . .

Désirant avoir l'honneur de fournir de vive voix à Votre Excellence quelques développemens à l'appui de ma demande, je la supplie de vouloir bien m'accorder une audience particulière.

J'ai l'honneur d'être,

Monseigneur, etc.

MINISTÈRE DE LA MARINE ET DES COLONIES.

Ce département embrasse tout ce qui a rapport à la marine militaire ou royale, ainsi qu'à la défense et à l'administration des colonies.

Ces attributions sont réparties ainsi qu'il suit; savoir :

SECRÉTARIAT GÉNÉRAL. Réception, et expéditions dans les bureaux compétens, de toutes les dépêches et demandes adressées au ministère; les renseignemens généraux à demander sur ces affaires; l'expédition de celles dont le ministre se réserve la connaissance ou qui n'appartiennent spécialement à aucune direction; l'examen et la vérification des mémoires; les archives, etc.

Direction du Personnel. Les nominations, promotions, mouvémens et solde des officiers, marins de tous grades et autres employés de la marine royale ; la levée des marins, ouvriers et soldats de marine ; l'organisation et le mouvement des divers corps de cette arme ; la création, l'entretien et la surveillance des écoles ; les pensions et demi-soldes, etc.

Direction des Ports. Administration et police des ports militaires ; tribunaux maritimes ; mouvement des forces navales ; constructions navales de toute nature ; choix et achat des matériaux ; approvisionnement des ports ; hôpitaux de la marine ; police de la navigation et des pêches maritimes, etc.

Direction des Colonies. Police, administration judiciaire, civile et militaire des colonies ; finances et approvisionnemens desdites colonies ; nomination à tous les emplois, etc.

Direction des Fonds et des Invalides. Distribution et répartition entre les divers services, des fonds affectés aux dépenses de la marine ; liquidation des dépenses arriérées ; expédition des ordonnances sur le trésor royal ; comptabilité en deniers ; administration et comptabilité des invalides de la marine ; propositions aux pensions et demi-soldes ; paiement des salaires et parts de prises ; administration et contentieux des prises, etc.

Administration des Subsistances de la Marine.
Fournitures de tous les objets de subsistance nécessaires aux diverses branches du service maritime et à l'approvisionnement des colonies. (*Bureaux rue de Varennes , n° 37.*)

Il y a en outre auprès de ce ministère, quatre inspections générales : de l'artillerie de la marine, des constructions navales, des travaux maritimes, du service de santé ; et un dépôt général des cartes et plans, des chartes et archives de la marine et des colonies.

Le ministre de la marine accorde des audiences d'après les demandes motivées qui lui en sont faites ; le public est admis dans ses bureaux tous les jeudis, de deux à quatre heures de l'après-midi.

On peut lui présenter pétition pour les mêmes cas qu'au ministre de la guerre, et pour une infinité d'autres résultant des attributions particulières à son département.

Pour réclamer une part dans une prise faite sur l'ennemi.

A Son Excellence Monseigneur le Ministre Secrétaire-d'État au département de la Marine et des colonies.

Monseigneur,

P......, matelot de ... classe, embarqué

sur le bâtiment . . . . . . , et retiré aujourd'hui à . . . . , dans le sein de sa famille , par suite de ses blessures ; a l'honneur d'exposer à Votre Excellence :

Que le bâtiment qu'il montait ayant capturé le . . . , à la hauteur de . . . . , le bâtiment ennemi le . . . . , après un combat opiniâtre dans lequel l'exposant reçut des blessures qui le mettent aujourd'hui hors de service ; la cargaison de ce bâtiment, consistant en . . . . , fut vendue le . . . . dans le port de . . . . , moyennant la somme de . . . . ;

Que n'ayant encore rien touché sur la part que les réglemens lui accordent sur cette capture, il a fait depuis six mois plusieurs démarches qui ont constamment été repoussées dans les bureaux sous le prétexte que . . . .

Comme cette allégation est sans aucune espèce de fondement ; qu'elle ne peut être que le résultat d'une erreur bien facile à rectifier si les commis du ministère voulaient bien s'en donner la peine, tandis qu'il est bien notoire que l'exposant a coopéré à la prise du . . . . , et qu'il a reçu dans le combat les blessures qui l'ont fait réformer; il supplie humblement Votre Excellence , qui est le protecteur naturel des marins, de lui faire rendre justice.

La légitimité de sa réclamation, une femme et deux enfans, qui n'ont que son travail pour

exister, sont les titres qu'il offre à la bienveillance de Votre Excellence.

Il a l'honneur d'être avec respect,

Monseigneur,

De Votre Excellence, etc.

Pour un officier destitué injustement.

A Son Exc., etc.

(Nom, etc.)

Monseigneur,

J'ai l'honneur de rappeler à Votre Excellence
que je lui ai écrit le . . . . , pour lui demander
de faire examiner ma conduite dans l'affaire
de . . . .

Attaqué par un ennemi infiniment supérieur,
il fallait, ce que je n'ai jamais fait, désho-
norer le pavillon français par une lâcheté ; ou
succomber avec honneur : j'ai choisi ce dernier
parti.

Privé de ma mâture après un combat opiniâtre, et resté moi-même sans connaissance
par suite de mes blessures, l'issue de cet engagement ne peut, sous aucun rapport, m'être
imputé à crime ; et , loin de redouter la sévérité
des juges qu'il plaira à Votre Excellence de me
donner, qu'il me soit permis de vous dire, Mon-

seigneur, que je compte plutôt sur des éloges que sur un châtiment.

J'ai l'honneur d'être avec respect,
Monseigneur, etc.

Pour obtenir le passage gratuit sur un bâtiment de l'état.

A Son Exc. , etc.

(*Nom , etc.*)

Monseigneur,

Des intérêts majeurs, *ou*, le désir de faire sur (*désigner l'objet*), des recherches qui tourneront à l'avantage de la France, m'appellent depuis long-temps à . . . . ; mais les frais d'une semblable traversée surpassant de beaucoup mes facultés pécuniaires, je me suis vu forcé jusqu'ici d'ajourner mon voyage.

Le bâtiment du Roi le . . . . ., en armement dans le port de . . . . . pour cette destination, m'offrirait une occasion favorable si Votre Excellence daignait m'accorder le passage gratuit sur ce bâtiment.

Cette faveur, que je sollicite de la bienveillance de Votre Excellence, sera pour moi, Monseigneur, le motif de la plus vive reconnaissance.

J'ai l'honneur d'être avec respect, *etc.*

Autre pour le même objet.

A S. Exc. , etc.

Monseigneur ,

N.... (*nom et domicile*), épouse de ... ,
employé en qualité de ...., à .... ; a l'honneur d'exposer à Votre Excellence : que des motifs de santé l'empêchèrent de suivre son mari
lors de l'embarquement ; mais que ne pouvant
plus supporter une aussi pénible séparation , ni
subsister avec la délégation de ...., qu'il lui a
accordée en partant , elle est déterminée à l'aller
rejoindre sans délai.

Ses moyens ne lui permettant pas de payer
sa traversée et celle de deux jeunes enfans
de ...., elle supplie respectueusement Votre
Excellence de daigner lui accorder pour elle et
sa famille le passage gratuit sur le..... , qui
arme en ce moment en rade de .... , pour la
susdite colonie.

Cette faveur pénétrera de reconnaissance une
tendre épouse , dont elle comblera le vœu le
plus cher.

L'exposante est avec le plus profond respect ,
Monseigneur , etc.

Pour demander des renseignemens sur un colon.

A Son Exc. , etc.

Monseigneur ,

Ayant un intérêt majeur à connaître la résidence de M. . . ., ancien propriétaire à . . .,
ou celle de ses héritiers ; je me suis présenté
plusieurs fois dans les bureaux des colonies sans
pouvoir obtenir aucun renseignement.

Bien convaincu que l'existence de ce colon
ne peut être ignorée au département de la marine, je prends la liberté, Monseigneur, de
recourir à Votre Excellence ; et la supplie instamment de vouloir bien faire faire dans ses
bureaux les recherches nécessaires.

J'ai l'honneur d'être,

Monseigneur, etc.

*Pour demander un passe-port et le passage pour
retourner dans une colonie, et réciproqueme t.*

A Son Exc. , etc.

Monseigneur ,

N. . . . . ., né et domicilié dans la colonie
de . . . . ., où sa famille réside depuis . . . ., a
l'honneur d'exposer à Votre Excellence :

Que le . . . ., d'après un ordre de M. le
gouverneur, il s'embarqua sur le . . . . . . en

qualité de . . . , et vint en France , où il a continué à être employé jusqu'au . . . . dernier.

Licencié à cette époque par ordre de Votre Excellence avec permission *de retourner dans ses foyers*, il se trouve , à trois mille lieues de sa famille , sans ressources , sans moyens de payer son passage , et sans pouvoir obtenir un ordre d'embarquement qu'il sollicite.

Dans cette cruelle position , il supplie respectueusement Votre Excellence de daigner lui accorder, un passe-port pour se rendre dans ses foyers , le passage gratuit sur le premier bâtiment de l'état qui partira pour cette destination , et des moyens d'existence jusqu'au moment de l'embarquement.

Il a l'honneur , etc.

Pour se plaindre d'un gouverneur de colonie.

A S. Exc. , etc.

(*Nom , etc.*)

Monseigneur ,

J'ai l'honneur d'exposer à Votre Excellence :
Que M. le comte de. . . . . . , gouverneur de cette colonie, m'ayant fait comparaître devant lui le . . . . . , me reprocha avec beaucoup de hauteur, d'avoir tenu devant diverses sociétés qu'il ne voulut point désigner, des propos ten-

dant à troubler l'ordre et la tranquillité publique dans la colonie.

Vainement lui objectai-je, que les propos qu'il me reprochait dénoteraient des sentimens trop opposés à ma manière de voir pour que je pusse m'en être rendu coupable : il m'intima l'ordre de quitter la colonie, et de me tenir prêt à me rendre en France sur le . . . . , qui faisait voile le lendemain.

Sur mon refus d'obtempérer à une injonction aussi illégale qui ne me laissait pas même le temps de pourvoir à mes affaires les plus urgentes, il poussa l'arbitraire jusqu'à me faire enlever de mon domicile, et conduire de force à bord ; et je ne dus qu'aux pressantes sollicitations des maisons les plus marquantes, et des personnages les plus respectables de la colonie, la faveur, si monsieur le gouverneur peut s'exprimer ainsi, d'être mis en surveillance et sous caution, en attendant la réponse de Votre Excellence au rapport qui a dû lui être adressé aussitôt sur cette affaire.

Né et domicilié dans cette colonie, où j'exploitais les habitations que je tiens de mes pères et celles que j'ai acquises par mon industrie ; chef d'une famille nombreuse à laquelle je donne l'exemple du travail et celui du dévouement au Roi et à la mère-patrie ; enfin aimé et estimé par les habitans avec qui j'ai tous les jours de nombreuses relations; je ne puis attribuer qu'à ma qualité d'homme de couleur et à quelques démêlés particuliers tout-à-fait étrangers aux affaires publiques, la persécution dont m'honore monsieur le comte de...

Ces motifs me permettent d'espérer, Monseigneur, que Votre Excellence, pesant dans sa sagesse les rapports de monsieur le gouverneur et les attestations honorables que je joins à l'appui de ce simple exposé, daignera faire prompte justice à qui de droit.

J'ai l'honneur d'être,

Monseigneur,

MINISTÈRE DE L'INSTRUCTION PUBLIQUE ET DES CULTES.

Ce département a été détaché tout récemment des attributions de celui de l'intérieur : il renferme tout ce qui concerne l'exercice de la religion catholique et l'instruction publique. Le ministre exerce en outre les fonctions de grand-maître de l'université.

On peut, sous l'une ou l'autre de ces qualités, lui adresser des pétitions pour toute demande se rattachant directement ou indirectement à l'un des objets ci-dessous; savoir :

Cabinet particulier. Ouverture des dépêches, demandes d'audiences et de décorations, affaires réservées par le ministre. L'enregistrement et la distribution des dépêches se font au SECRÉTARIAT; c'est aussi là que se donnent les renseignemens généraux.

DIRECTION DES AFFAIRES ECCLÉSIASTIQUES. *Première division.* Nominations aux hautes dignités ecclésiastiques; séminaires, et bourses fondées dans ces maisons; frais de cathédrales et de leurs fabriques; acquisitions et réparations majeures des édifices du culte. *Seconde division* Paroisses et presbytères; concessions de chapelles, bancs, tribunes. etc.; congrégations religieuses, missions diocésaines; petits séminaires; secours divers; promotions des cures, etc., etc. *Troisième division.* Ordonnancement de toutes les dépenses ecclésiastiques, et affaires y relatives.

DIRECTION DE L'INSTRUCTION PUBLIQUE. Conseil royal d'instruction publique, et affaires y relatives; nominations des fonctionnaires des académies; facultés de théologie, écoles chrétiennes et primaires; livres classiques; autorisations nécessaires aux instituteurs; administration et discipline des colléges royaux; nomination des fonctionnaires; bourses fondées dans ces établissemens; colléges communaux; enseignement et discipline des facultés de droit, de médecine, des sciences et lettres; institution des professeurs et autres fonctionnaires de ces établissemens ; recettes et dépenses relatives au personnel et au matériel de tous les établissemens d'instruction publique et corps enseignans (les sociétés savantes ressortissent du ministère de l'intérieur).

Pour demander une promotion à une meilleure cure.

A Son Excellence Monseigneur le Ministre Secrétaire-d'Etat au département des affaires ecclésiastiques.

Monseigneur,

P...., prêtre vicaire desservant de la succursale de..., a l'honneur d'exposer à Votre Excellence : que depuis dix ans il dessert cette église avec tout le zèle d'un fidèle serviteur de Dieu.

Son modique traitement, qui n'est que de..., suffisant à peine à son entretien dans un pays pauvre qui n'offre aucune ressource, il est souvent obligé de partager avec l'indigent le pain nécessaire à sa propre subsistance ; encore a-t-il la douleur de ne pouvoir secourir tous les plus nécessiteux.

Son grand âge, les infirmités qui en sont la suite, lui faisant d'ailleurs sentir le besoin d'une vie un peu moins dure, il supplie humblement Votre Excellence de daigner lui accorder une cure de seconde classe, qui lui permette tout à la fois de répandre de plus abondantes aumônes parmi ses ouailles, et de se procurer à lui-même les secours dont il a besoin.

Il a l'honneur d'être avec le plus profond respect,

Monseigneur, etc.

Pour demander l'admission d'un enfant dans un séminaire.

A S. Exc., etc.

(*Nom, prénoms, etc.*)

Monseigneur,

Ce n'est qu'au prix des plus grands sacrifices que je suis parvenu à faire terminer les humanités à mon fils, âgé de . . . . . : la modicité de mes moyens d'existence et l'obligation de faire pour ses frères ce que j'ai fait pour lui, ne me permettant pas de pousser plus loin son éducation ; désirant d'ailleurs le faire entrer dans les ordres sacrés, pour lesquels il a une vocation très-prononcée ; je supplie respectueusement Votre Excellence de daigner accorder à mon fils une bourse dans le séminaire de . . .

La bienveillance spéciale dont veut bien m'honorer M. . . . . ., me fait espérer, Monseigneur, d'avoir quelque droit à la vôtre ; et ma reconnaissance ne pourra être comparée qu'à l'éminence de la faveur que je sollicite de votre bonté.

J'ai l'honneur d'être, etc.

Pour se plaindre d'un ecclésiastique.

A Son Exc., etc.

Monseigneur,

Les habitans soussignés de la commune de... ont l'honneur d'exposer à Votre Excellence : que le premier acte de l'installation de monsieur de . . . . . au diocèse de . . . . . , ayant été le renvoi du vénérable pasteur qu'ils possédaient depuis quinze ans, et son remplacement par un jeune prêtre, monsieur . . . . ; ils ne tardèrent pas à s'apercevoir que cet ecclésiastique, emporté par un zèle au moins indiscret, se permettait d'inspirer à leurs enfans des maximes subversives de l'autorité paternelle, et tout-à-fait contraires sous ce rapport à celles de l'Évangile.

Leurs justes plaintes, appuyées faiblement par leur maire, n'ayant eu aucun résultat auprès de monsieur l'évêque de. . . . . , parent et protecteur du nouveau curé ; ils prennent la liberté de supplier Votre Excellence d'interposer son autorité pour faire cesser un abus dont la continuation forcerait les exposans d'interdire à leurs enfans le catéchisme et les instructions de monsieur le curé.

Ils ont l'honneur d'être avec respect, etc.

Pour demander l'autorisation d'établir une école.

À Son Excellence Monseigneur le Ministre Secrétaire-d'Etat au département de l'instruction publique et des cultes.

Monseigneur,

P.... L...., âgé de ...., domicilié dans la commune de ...., a l'honneur d'exposer à Votre Excellence : qu'il serait dans l'intention de fonder dans ladite commune, avec l'autorisation de Votre Excellence, une école de garçons dans laquelle il enseignerait outre les principes de la religion catholique, ...

Les certificats de moralité et de capacité qu'il a l'honneur de mettre sous les yeux de Votre Excellence, et l'estime générale dont il jouit dans sa commune, lui font espérer que sa demande sera favorablement accueillie.

Il est avec le plus profond respect, etc.

Pour une institutrice révoquée.

A Son Exc., etc.

Monseigneur,

M....., institutrice à ......, a l'honneur d'exposer à Votre Excellence : qu'après avoir fait les derniers sacrifices pour élever dans cette commune une institution de jeunes personnes, elle commençait à peine à en recueillir le fruit, lorsqu'un arrêté de Votre Excellence, en date du ..., est venu lui donner l'ordre de vendre son établissement dans le délai de deux mois, à peine de le voir irrévocablement fermé.

Un si court espace de temps étant évidemment insuffisant pour qu'elle puisse tout à la fois, trouver pour la remplacer, une personne à sa convenance, et la présenter à l'agrément de Votre Excellence ; l'exposante ne peut voir dans cet ordre que la perte inévitable de tous ses sacrifices et du fruit de ses soins, par l'impossibilité où il la met de tirer aucun parti de son établissement.

Persuadée d'ailleurs que cette mesure ne peut qu'être le résultat de quelque mésentendu, elle supplie Votre Excellence de vouloir bien suspendre sa décision jusqu'à plus ample informé, et considérer que loin d'avoir donné lieu à une seule plainte fondée tant sur sa conduite personnelle et la tenue de sa maison, que sur l'éducation morale et religieuse qu'y reçoivent les jeunes personnes ; elle peut au contraire fournir, tant de la part des parens que de celle des autorités locales, les attestations les plus honorables.

Ces motifs la portent à espérer, Monseigneur,

que Votre Excellence mieux informée, daignera révoquer une décision qui consommerait la ruine de l'exposante.

Elle est, etc.

Pour demander l'admission d'un jeune homme dans un lycée.

A Son Exc., etc.

(*Nom, etc.*)

Monseigneur,

Père de six enfans, qui ne vivent que du faible produit de mon travail, ce n'est qu'en me privant du nécessaire que je puis faire suivre à l'aîné la carrière de . . . . .

Les sacrifices que je fais pour lui ne me laissant aucun moyen de pousser le plus âgé de ses autres frères, qui a atteint à peine ses dix ans et demi, je supplie instamment Votre Excellence de daigner accorder à cet enfant, qui a fait ses premières études, la faveur d'une bourse dans un collége royal.

Si vingt années de bons et fidèles services dans la carrière de . . . . . . , si une réputation intacte de tout reproche, et des malheurs non mérités, peuvent donner quelques droits à la bienveillance de Votre Excellence ; j'ose me flatter, Monseigneur, que peu de personnes en auront plus que moi, et j'y joindrais au besoin la recommandation de .....

J'ai l'honneur, etc.

Nota. Les demandes de ce genre, et toutes celles qui ont rapport à l'une des branches de l'instruction publique, doivent passer par le canal de l'évêque diocésain quand elles proviennent de l'intérieur, à moins que le pétitionnaire ne soit directement appuyé auprès du ministre.

MINISTÈRE DE LA MAISON DU ROI, ET DES BEAUX-ARTS.

Ce ministère embrasse tout ce qui concerne le service civil et militaire de la personne du Roi : il se compose, non compris le département des beaux-arts, qui en a été détaché récemment, de quatre divisions ; savoir :

PREMIÈRE DIVISION. Maison civile, personnel et matériel ; nominations à tous les emplois civils, bibliothèques, diamans et garde-meuble de la couronne.

DEUXIÈME DIVISION. Domaines et bâtimens de la couronne, domaines particuliers du Roi, contentieux de la maison du Roi, réclamations des anciennes créances.

TROISIÈME DIVISION. Budgets particuliers et général de la maison du Roi ; ordonnancement des sommes à payer par la liste civile ; comptabilité générale ; administration de la maison

militaire ; secours et pensions, les demandes
de ce genre sont soumises aujourd'hui à l'examen d'un comité consultatif.

L'enregistrement des demandes de places de
gentilshommes de la chambre, d'écuyers, de
pages ; les affaires réservées ; le personnel du
ministère ; la distribution des dépêches ; les
demandes d'emplois dans les bureaux, et la cor-
respondance, etc., etc., forment les attributions d'un secrétariat particulier, et sont réparties en deux bureaux.

Le département des beaux-arts, détaché depuis peu de celui de la maison du Roi, forme
une sorte de petit ministère à part dont l'existence ne paraît cependant pas encore irrévocablement affermie. En attendant il se divise ainsi
qu'il suit ; savoir :

CABINET ET SECRÉTARIAT. Réception des dépêches, demandes d'audiences particulières,
expéditions des ordres au secrétariat, affaires
réservées, personnel, classement et distribution
des dépêches, etc.

DIVISION DES BEAUX-ARTS. Musées, manufactures royales, théâtres et écoles de chant,
monnaie des médailles, etc.

DIRECTION DES FÊTES ET SPECTACLES DE LA COUR.
Cette administration, connue naguère sous le
nom d'*Intendance des Menus-Plaisirs*, embrasse tout ce qui a rapport à l'ordonnance,

la composition et le matériel des fêtes et spectacles de la cour.

Les bureaux des beaux-arts sont ouverts au
public le mercredi, de deux à quatre heures de
l'après-midi.

On adresse des pétitions au ministre de la
maison du Roi, pour demandes d'emploi dans
l'une des branches de service de cette maison,
de secours et pensions sur la liste civile, de
pensions d'employés ou veuves d'employés de
cette maison ; pour connaître le résultat d'une
pétition présentée au Roi, après avoir reçu avis
de son renvoi dans les bureaux ; pour demandes
de souscriptions à des ouvrages, etc., etc.

On s'adresse particulièrement à monsieur le
directeur-général des beaux-arts pour les objets
de son ressort.

*Pour recommander un placet présenté au Roi, et
demander une audience.*

A Son Excellence Monseigneur le Ministre
Secrétaire-d'Etat au département de la maison du Roi.

(*Nom, prénoms, qualités, domicile du pétitionnaire.*)

Monseigneur,

Un placet que Sa Majesté me permit de lui

présenter, le . . . . ., en demande de ma réin-
tégration dans la place de . . ., a été renvoyé
hier à Votre Excellence ;

Qu'il me soit permis, Monseigneur, d'ajouter
à l'appui de son contenu, que l'anxiété de ma
position s'aggrave de jour en jour par mon séjour
forcé à Paris, et par l'abandon de mes affaires.

Si Votre Excellence daigne m'accorder la
faveur d'une audience, j'aurai l'honneur de lui
fournir tous les renseignemens qu'elle pourra
désirer.

En attendant, les pièces ci-jointes suffiront,
je l'espère, pour éclairer sa religion.

J'attends avec confiance la décision de Votre
Excellence,

Et suis avec respect, Monseigneur,

De Votre Excellence,

Le très-obéissant serviteur.

*Pour demander le paiement d'une ancienne créance
sur la maison du Roi.*

A Son Exc., etc.

Monseigneur,

P. . . . . L. . . . . . (*profession et domicile*)
a l'honneur de représenter à Votre Excellence:
qu'il exécuta, en . . ., pour le service de feu Sa
Majesté . . ., divers travaux, *ou*, fournitures,

montant à la somme de . . . . ; ainsi qu'il résulte d'un ordre de M. . . . . , en date du . . . . ,
et de mémoires arrêtés le . . . . par . . . .

Cette créance n'ayant pas été payée en son
temps, et les titres ayant été égarés jusqu'en . . .
l'exposant adressa successivement à Son Excellence Monseigneur le . . . . , ayant alors le
département de la maison du Roi, les . . . . .
et . . . . de la même année, deux demandes
tendantes à en obtenir le remboursement.

Ces démarches ayant été infructueuses, il se
détermina à présenter le . . . suivant à Sa Majesté, un placet qui fut renvoyé le . . . du même
mois dans les bureaux de Votre Excellence, où
sa réclamation a été définitivement écartée
sous le prétexte, que n'ayant pas été faite en
temps utile, elle était tombée en déchéance.

L'exposant supplie à cet égard Votre Excellence, de vouloir bien considérer, que la force
seule des circonstances l'ayant empêché de se
mettre en règle, ses droits ne peuvent en souffrir ; et que d'ailleurs, il ne peut entrer dans les
intentions paternelles de Sa Majesté de faire
valoir, au détriment de l'un de ses sujets, le
bénéfice que la loi accorde aux débiteurs ordinaires.

Ces motifs portent l'exposant à espérer que
Votre Excellence, prenant en considération les
services d'un ancien serviteur du Roi, son âge

et les malheurs qu'il a éprouvés, daignera revenir sur sa première décision, et lui accorder enfin le paiement d'une somme qui est aujourd'hui sa dernière ressource.

Il a l'honneur, etc.

Pour faire constater la durée des services d'un employé décédé.

A Son Exc., etc.

(Nom, prénoms, etc.)

Monseigneur,

P..... N......, mon époux (*désigner l'emploi dans la maison du Roi*), est mort le .... dernier.

La plupart de ses papiers ayant été perdus pendant les orages de la révolution, on n'a trouvé après sa mort aucun titre qui pût mettre à même de constater d'une manière précise la date de son entrée au service, ni les fonctions qu'il a exercées depuis lors jusqu'en ....

Plusieurs démarches que j'ai faites à cet égard n'ayant eu aucun résultat, et présumant qu'il sera facile de trouver dans les archives de la maison du Roi, les moyens de suivre la trace des services de mon mari, je supplie Votre Excellence de daigner faire faire dans ces archives les recherches nécessaires.

J'ai l'honneur de vous faire observer, Monseigneur, que je suis privée depuis huit mois de mon époux ; et qu'il ne m'a laissé, après cinquante années de bons et loyaux services, d'autres ressources que mes droits à la pension déterminée par les règlemens ; droits que je ne puis faire valoir en ce moment, faute de pouvoir établir d'une manière authentique les états de services de mon mari.

Ces considérations me portent à espérer, Monseigneur, que Votre Excellence voudra bien donner ses ordres pour que cette affaire éprouve le moins de retard possible.

Je suis avec le plus profond respect, etc.

Pour demander un secours ou une pension sur la liste civile.

A Son Exc., etc.

(*Nom, etc.*)

Monseigneur,

Les soussignées ont l'honneur d'exposer à Votre Excellence : que leur famille ayant été entièrement ruinée par les malheurs de la révolution, elles se trouvent sans aucun moyen d'existence par la perte douloureuse qu'elles viennent de faire dans la personne de ......, leur père, décédé le .....; et qui n'avait lui-même d'autre ressource pour faire subsister sa

famille qu'une pension de . . . . sur la liste civile , en qualité de . . . .

La mémoire honorable qu'a laissée leur père,
son long dévouement à la cause royale dans les
momens les plus difficiles ; enhardissent les ex-
posantes à supplier Votre Excellence, de daigner
leur accorder la continuation d'une portion de
la pension dont il jouissait ; et , en attendant
cette faveur, un secours provisoire qui les mette
à l'abri des premiers besoins.

Elles ont l'honneur d'être , etc.

*A Monsieur le Directeur des Beaux-Arts, pour
proposer l'achat d'un objet d'art.*

A Monsieur le Directeur-Général du département des Beaux-Arts.

(*Nom* , *prénoms, etc.*)

Monsieur le . . . ,

Possesseur d'un objet du plus grand mérite ,
que j'ai apporté de mes voyages en . . . . . . , et
forcé de m'en défaire , je me fais un devoir de
vous en proposer l'acquisition pour les musées
royaux.

C'est un superbe (*détailler l'objet*), qui est
dans le plus bel état de conservation , et dont
tous nos artistes célèbres s'accordent à faire
l'éloge.

Jaloux de conserver à la France ce monument précieux, qui ne peut que figurer avec honneur dans nos riches galeries, j'ai l'honneur de vous prier de vouloir bien le faire examiner par qui de droit, afin de savoir s'il conviendra au gouvernement d'en faire l'acquisition.

J'attends cette faveur de votre amour éclairé pour les arts, qui vous doivent déjà tant d'éclat, et suis avec respect,

Monsieur le . . .
Votre très-humble et obéissant serviteur.

Pour demander l'admission d'une jeune personne dans une école de chant.

A Monsieur le, etc.

(*Nom, etc.*)

Monsieur le . . . ,

La veuve d'un homme connu dans l'art de . . , qu'il pratiqua pendant vingt ans avec les plus brillans succès, a l'honneur de vous exposer : que son mari ne lui laissa en mourant, qu'un très-modique patrimoine incapable de suffire à l'établissement de trois demoiselles, dont l'aînée vient d'atteindre sa . . . . année.

Si vous daigniez avoir la bonté d'accorder à cette jeune personne une place d'élève à l'école royale de chant, cette faveur, en la mettant à même de cultiver avec fruit les heureuses dis-

positions qu'elle a pour la musique, la comblerait, ainsi que sa famille, de joie et de reconnaissance.

J'ai l'honneur d'être avec respect,

Monsieur le . . . ,

Votre très-humble serviteur.

Nota. Les personnes qui ont des affaires à
suivre au ministère de la maison du Roi,
sont souvent dans le cas d'être renvoyées devant l'un des fonctionnaires ci-dessous ; savoir :

INTENDANCE de la liste civile, place du Car-
rousel.

INTENDANCE des bâtimens, rue de Caumar-
tin, n° 30.

INTENDANCE des domaines et forêts, quai
Malaquais, n° 23.

INTENDANCE du garde-meuble, rue des Champs-
Élysées.

Les pétitions et mémoires à leur présenter
doivent être remis dans les bureaux, à l'adresse
de *Monsieur l'Intendant-général d . . . . de
la Couronne ;* et commencer par ces mots :
Monsieur l'Intendant ou *Monsieur le Duc,
Marquis,* etc.

Les demandes qui sont du ressort de la grande
aumônerie sont renvoyées dans les bureaux de
cette administration, rue de Bourbon, n° 2,
où il est bon de faire de nouvelles démarches si

l'on ne veut pas attendre trop long-temps une décision qui n'est pas toujours favorable.

Pour demander un secours.

A Son Altesse Monseigneur le Prince de . . . . ,
Grand-Aumônier de France.

(*Nom, prénoms, etc.*)

Monseigneur,

Une pauvre mère de famille, chargée de deux enfans en bas âge, et dont le mari, maçon de son état, vient de se casser la cuisse par un cruel accident, se trouve réduite à implorer la bienfaisance publique pour pouvoir donner du pain à ses pauvres enfans.

Sachant avec quelle générosité vous vous plaisez, Monseigneur, à répandre les bienfaits du Roi sur les malheureux, elle a l'honneur de supplier Votre Altesse de vouloir bien lui tendre quelques secours.

Elle a l'honneur, etc.

Pour recommander un placet renvoyé dans les bureaux.

A Son Exc., etc.

Monseigneur,

Un placet adressé par moi à Monseigneur le ministre de la maison du Roi, le . . . . , à l'effet d'en obtenir . . . . , a été renvoyé dans les bureaux de la grande aumônerie le . . . suivant.

M'étant vainement adressé deux fois depuis lors à monsieur le chef du secrétariat, sans pouvoir obtenir aucun renseignement sur le sort de ma demande ; je prends la liberté, Monseigneur, d'implorer la protection de Votre Altesse, et de lui représenter que l'anxiété de ma position s'accroît de jour en jour par l'inquiétude.

Ce motif me porte à espérer, Monseigneur, que Votre Altesse daignera prendre au sujet de ma demande une prompte décision.

J'ai l'honneur, etc.

Nota. Le grand aumônier de France porte aujourd'hui le titre d'Altesse, parce qu'il est prince : on lui donnerait celui d'*Éminence* ou de *Grandeur* s'il n'était que cardinal ou évêque. Il ne donne pas d'audiences à moins qu'il ne s'agisse d'affaires majeures concernant le service ; le public est admis dans les bureaux de l'administration les jeudis.

GRANDE CHANCELLERIE DE LA LÉGION-D'HONNEUR.

Le grand chancelier est chargé de tout ce qui concerne le personnel et l'administration de la Légion-d'Honneur et des autres ordres.

C'est lui qui présente les candidats à la nomination du Roi ; qui expédie et contresigne les brevets et lettres d'avis, confère les décorations au nom du Roi; sollicite du Roi les autorisations nécessaires pour demander, recevoir et porter les décorations conférées à des Français par des souverains étrangers, etc., etc.

·L'administration des revenus de l'ordre de la Légion-d'Honneur lui appartient; ainsi que celle des maisons d'orphelines de cet ordre, la discipline de ces maisons, les nominations aux places de pensionnaires, d'institutrices, etc.

On peut en conséquence lui adresser des pétitions sur tout ce qui concerne ces divers objets, en se conformant au cérémonial voulu.

Le grand chancelier accorde des audiences aux personnes qui le lui demandent.

La maison royale de Saint-Denis est fondée pour recevoir cinq cents jeunes personnes, filles de membres de l'ordre, qui y reçoivent l'éducation la plus brillante : quatre cents places sont gratuites.

Pour un militaire qui demande la croix.

A Son Excellence Monseigneur le Grand-Chancelier de la Légion-d'Honneur.

D.....(Jacques-Etienne), ex-sergent au .. régiment de ligne, domicilié à....

Monseigneur,

J'ai trente ans de service, vingt-cinq campagnes , dix-huit blessures ; et je n'ai pas encore reçu la récompense la plus flatteuse pour un soldat français , la croix d'honneur.

Tout entier à mes devoirs, je n'ai jamais rien demandé , pensant que mon colonel saurait bien faire valoir mes états de service quand il en serait temps.

Mais aujourd'hui que, rendu à ma famille , je n'ai d'autre héritage à lui laisser que le souvenir de mes actions, je supplie Votre Excellence de vouloir bien m'accorder la croix , afin que mon fils puisse du moins en décorer un jour le cercueil de son vieux père.

Je suis avec le plus profond respect,

       Monseigneur,

         De Votre Excellence ,

Le très-humble et très-obéissant serviteur.

Nota. Ce placet, et toutes les demandes analogues, doivent être accompagnés d'états de services et de certificats à l'appui.

Autre pour le même objet.

A Son Excellence Monseigneur le Maréchal de France , Grand-Chancelier de la Légion-d'Honneur.

P.....L..... (*grade, domicile, etc.*)

    Monseigneur,

Un soldat couvert d'honorables blessures, et

qui, dans la mémorable affaire de . . . , a pénétré l'un des premiers dans les rangs ennemis, où il a enlevé un drapeau et fait de sa main plusieurs prisonniers ; prie respectueusement Votre Excellence de daigner solliciter pour lui, des bontés de Sa Majesté, la décoration d'honneur.

Les titres ci-joints, en attestant sa bonne conduite pendant . . . années de service, prouveront à Votre Excellence que le réclamant ne s'est pas montré indigne de la faveur qu'il sollicite.

Il est avec le plus profond respect,

Monseigneur,

De Votre Excellence

Le très-humble et très-obéissant serviteur.

Pour réclamer le brevet de la croix d'honneur.

A Son Excellence, etc.

(*Nom, prénoms et domicile.*)

Monseigneur,

Une lettre de Votre Excellence, en date du . . . . . . , daigne m'annoncer que le Roi, dans sa bonté, m'a nommé chevalier de la Légion-d'Honneur.

Le brevet de ma nomination ne m'ayant pas encore été expédié, quoique cette lettre ait

... mois de date, et impatient de jouir dans toute sa plénitude de la faveur que Sa Majesté a bien voulu m'accorder ; je supplie Votre Excellence d'ordonner que cette expédition me soit faite au plus tôt.

J'ai l'honneur d'être avec respect,

Monseigneur, etc.

Nota. On ne peut porter la décoration avant d'avoir reçu le brevet de nomination.

Pour demander l'admission d'une demoiselle dans l'une des maisons d'orphelines.

A Son Exc., etc.

(*Nom, etc.*)

Monseigneur,

P.... L.... (*indiquer après les noms et prénoms, le grade, le régiment et l'arme*) vient de mourir par suite des blessures reçues à l'affaire de ...., *ou*, par suite des fatigues de la guerre, etc.

Ce brave officier laisse une fille de l'âge de ...., qui, par la perte qu'elle avait faite précédemment de sa mère, reste aujourd'hui sans appui.

Tuteur de cette jeune orpheline, je supplie Votre Excellence de daigner la prendre sous son auguste protection, et de lui accorder la faveur d'être admise dans l'une des maisons

royales d'éducation pour les filles de la Légion-
d'Honneur.

J'ai l'honneur d'être avec respect,
Monseigneur, etc.

Autre pour le même objet.

A Son Excellence, etc.

Monseigneur,

J. . . . . . . (*nom de famille et domicile*),
veuve de (*nom, grade, régiment, etc.*), mort
le . . . par suite de (*indiquer le genre de mort*),
a l'honneur d'exposer à Votre Excellence:

Que son époux lui laissa deux enfans, dont
un fils, qui sert actuellement dans le régiment
de . . . ., et une fille âgée aujourd'hui de . . . .

Sa modique pension de veuve de militaire ne
lui permettant pas de donner à cette enfant l'é-
ducation que son âge et sa naissance exige-
raient, l'exposante supplie respectueusement
Votre Excellence de daigner admettre sa fille
dans l'une des maisons royales d'orphelines.

L'exposante est avec le plus profond respect,
Monseigneur, etc.

Pour demander l'autorisation d'accepter ou de porter une décoration étrangère.

A Son Exc. , etc.

(*Nom , etc.*)

Monseigneur,

Sa Majesté le Roi , *ou* , l'Empereur de . . .
a daigné me conférer la décoration de l'ordre
de . . , en mémoire, *ou*, en récompense de . . .

Ne pouvant accepter cette insigne faveur
sans l'autorisation expresse de mon souverain,
je prends la liberté de supplier Votre Excellence
de vouloir bien prendre à cet égard les ordres
du Roi.

Je suis avec respect ,

Monseigneur ,

De Votre Excellence , etc.

Autre pour le même objet.

A Son Exc., etc.

(*Nom , etc.*)

Monseigneur ,

Le Roi a daigné , sur le rapport de Votre
Excellence, m'autoriser, le . . . . , à accepter
la décoration de . . . . . , dont m'a honoré Sa
Majesté le Roi , *ou*, l'Empereur de . . . , son
auguste allié.

Cette autorisation n'étant pas accompagnée de celle de porter les insignes de cet ordre, je prends de nouveau la liberté de recourir à la bienveillante intercession de Votre Excellence pour obtenir cette faveur.

J'ai l'honneur d'être avec respect,

Monseigneur,

De Votre Excellence, etc.

Nota. Un sujet français ne peut, sous quelque prétexte que ce soit, accepter une décoration étrangère, ni la porter, sans une autorisation spéciale.

CHAPITRE VIII.

PÉTITIONS AUX DIRECTEURS-GÉNÉRAUX ET CHEFS D'ADMINISTRATIONS.

On est dans le cas de s'adresser aux directeurs généraux et chefs de grandes administrations, pour toutes les demandes d'emploi qui ne sont pas à la nomination directe du ministère correspondant ; pour se plaindre d'un employé dans l'exercice de ses fonctions ; demander le remboursement ou la réduction d'un droit perçu mal à propos, la restitution de marchandises ou effets saisis injustement, etc., etc.

Toutes ces pétitions sont assujéties aux mêmes formalités que les autres.

Au Directeur-Général des Douanes, pour se plaindre des formes employées dans la perception d'un droit illégal.

A Monsieur le Directeur-Général de l'Administration des Douanes.

(*Nom, prénoms, domicile du pétitionnaire.*)

Monsieur le Directeur-Général,

J'ai l'honneur de vous informer : que le . . .

du mois de . . , m'étant présenté au bureau de Douane de . . . . pour faire entrer (*désigner la nature et la quantité des marchandises*), les préposés de ce bureau réclamèrent un droit de . . . . . .

Surpris d'une demande aussi exagérée, je demandai à voir le tarif afin de m'assurer s'il n'y avait pas erreur; mais l'on me déclara que l'article en question n'y étant pas porté, on avait établi le droit demandé par analogie avec . . . . . ., qui paie ce droit.

Un débat s'étant alors engagé sur l'injustice qu'il me paraissait y avoir à assimiler pour la perception des droits, deux choses de valeurs bien différentes, on me déclara d'un ton fort inconvenant, que l'on allait procéder à la saisie de mes marchandises, attendu que je cherchais à les introduire en contrebande.

Une semblable intention pouvant d'autant moins m'être imputée que ma démarche prouvait le contraire, je me hâtai d'acquitter les droits exigés, tout persuadé que j'étais de leur exorbitance, me promettant bien de vous adresser ma juste réclamation.

J'ai en conséquence, Monsieur le Directeur-Général, l'honneur de vous prier de vouloir bien décider si une marchandise non portée sur les tarifs des douanes, peut être légalement taxée à son entrée en France ; et , dans tous les cas , de me faire rembourser ce que j'aurai payé de trop ; laissant à votre sagesse la mesure que vous croirez devoir prendre à l'égard des préposés de . . . . .

J'ai l'honneur d'être,

Monsieur le Directeur-Général,

Votre, etc.

Pour demander de l'avancement en faveur d'un employé.

A Monsieur le Directeur-Général.

Monsieur le Directeur-Général ,

Mme veuve . . . . . . , mère de . . . . ., employé depuis . . . . dans votre administration , et aujourd'hui (*grade*) à . . . . ; a l'honneur de vous prier de vouloir bien accorder de l'avancement à son fils, en le nommant soit à la place de . . . . soit à toute autre que vous jugerez à propos.

Cette faveur, dont mon fils se rendra digne en redoublant, s'il se peut, de zèle et d'activité ; serait le prix de . . . . . années de service et de bonne conduite, et le mettrait plus à même de pourvoir à l'existence d'une jeune épouse prête à devenir mère.

Les bonnes notes de tous les chefs sous lesquels il a été successivement employé, et notamment celles de . . . ; la mémoire honorable

qu'a laissée mon époux, ancien . . . . ; me
font espérer, Monsieur le Directeur-Général,
que vous daignerez accorder à mon fils la faveur
que je sollicite de vos bontés, et dont je con-
serverai en mon particulier la plus vive reconnaissance.

J'ai l'honneur d'être,

Monsieur le Directeur-Général,

Votre très-humble.

Nota. L'administration des douanes se divise
en service administratif et en service actif. Cette
seconde branche, qui se compose du service
des brigades de douanes, est confiée, sous l'autorité du directeur-général, à un directeur particulier, à qui doivent être adressées toutes les
demandes relatives au personnel des préposés.

Pour demander une pension par suite de blessures.

A Monsieur le Directeur du service actif de la
Direction générale des Douanes.

Monsieur le Directeur,

N. . . . (*nom, prénom, grade, et désignation
de la brigade*) a l'honneur de vous exposer par
mon organe : que, dans la nuit du . . ., des con-
trebandiers s'étant présentés à . . ., au nombre
de . . . . . ., pour introduire de vive force une
quantité considérable de (*désigner les marchandises*); il s'engagea entre eux et les pré-

posés une fusillade très-vive, par suite de laquelle ils furent forcés de s'enfuir, en abandonnant leurs marchandises.

Un coup de feu que l'exposant reçut dans cette action ayant nécessité l'amputation du bras droit, cet employé, désormais incapable de continuer son service, vous supplie instamment, Monsieur le Directeur, de vouloir bien lui accorder une retraite qui le dédommage de la double perte qu'il vient de faire.

Le zèle qu'il a toujours déployé dans son service, son excellente conduite attestée par tous ses chefs, et sa qualité de père de famille, seront, il ose l'espérer, des titres suffisans à votre bienveillance.

Il a l'honneur d'être,

Monsieur le Directeur, etc.

A Monsieur le Directeur des Contributions indirectes, pour se plaindre d'abus commis par les préposés aux barrières.

Monsieur le Directeur-Général,

Le ... de ce mois, à ... heures du matin, j'accompagnais une charrette chargée de dix pièces d'esprit, dont je venais de prendre livraison chez le sieur ...., hors la barrière de ...; pour les conduire, en suivant le boulevard extérieur, jusqu'à ma fabrique, située à ....

En passant devant les barrières de . . . . . et de . . . ., les commis, sous le prétexte de faire la visite à laquelle les règlemens les autorisent, piquèrent successivement toutes mes pièces ; et, au lieu de ne tirer de chacune que la quantité de liqueur nécessaire pour l'éprouver, en remplirent des vases contenant au moins un demi-litre.

Mes vives protestations et la menace réitérée que je fis de porter mes plaintes devant qui de droit, ne servirent qu'à accroître l'insolence, et je puis dire, l'espèce de rapacité de ces commis, qui ne continuèrent pas moins leur opération. En sorte que, ayant été visité à trois barrières, et chaque visite m'ayant coûté environ un demi-litre par pièce, il m'en a coûté, indépendamment des droits légitimement dus, la valeur d'environ douze ou quinze litres d'esprit, gaspillés par les commis auxdites barrières.

Un semblable abus, dont se plaint journellement le commerce des liquides, est trop vexatoire pour que je ne prenne pas le parti de vous le dénoncer ; et il serait à désirer que toutes les personnes qui ont eu à s'en plaindre avant moi, eussent fait de même.

J'attends de votre équité, Monsieur le Directeur-Général, que vous voudrez bien prendre les mesures nécessaires pour que les employés de la régie ne se permettent plus d'aggraver par

leurs mauvais procédés, un impôt déjà assez onéreux ; et suis avec une haute considération, etc.

Pour demander une grâce en matière de fraude.

A Monsieur, etc.

(*Nom, etc.*)

Monsieur le Directeur-Général,

Les employés de la régie, en exerçant chez
moi, le … de ce mois, ont surpris (*désigner
le genre de fraude*), et ont aussitôt dressé
leur procès-verbal afin d'instruire contre moi,
refusant toute proposition d'accommodement.

Je reconnais à cet égard que j'étais en état
de contravention formelle, que les agens de
l'administration n'ont fait que remplir fidèlement leur devoir ; mais je vous supplie, Monsieur le Directeur-Général, de considérer que
je suis chargé d'une nombreuse famille, et que
le désespoir de ne pouvoir la faire vivre de mon
état, m'a seul porté à commettre une faute
dont je me repens bien sincèrement.

Ces motifs me laissent l'espoir que vous
voudrez bien, Monsieur le Directeur-Général,
me sauver par un arrangement quelconque, les
frais d'un procès qui acheverait de compléter
ma ruine.

J'ai l'honneur d'être avec respect, etc.

Pour demander de l'avancement ou un changement de résidence.

A Monsieur, etc.

Monsieur le Directeur-Général,

P...., receveur à cheval à ..., a l'honneur de vous prier de vouloir bien lui accorder un contrôle de ville, *ou*, la faveur de permuter avec M....., receveur à .....

Quinze années de services, dont huit dans son grade actuel, les témoignages honorables qu'il peut fournir sur son compte, et le mariage qu'il est sur le point de contracter avec Mademoiselle ...., lui permettent d'espérer, Monsieur le Directeur-Général, que vous daignerez accueillir avec bonté la demande d'un employé qui ne vous a jamais fatigué de demandes indiscrètes.

Il a l'honneur d'être avec respect,
Monsieur le Directeur-Général,
Votre très-humble et très-obéissant serviteur.

Pour réclamer contre un droit perçu injustement.

A Monsieur, etc.

(*Nom, etc.*)

Monsieur le Directeur-Général,
Les préposés de service à la barrière de ...,

ont exigé de moi, le ... de ce mois, la somme de ....., pour ...... que j'ai fait entrer par ladite barrière; bien que ledit objet, qui n'est pas porté sur les tarifs, ne dût, selon moi, être assujéti tout au plus qu'à un droit de ..., par analogie avec ....

Comme cette somme n'est pas énorme, je l'ai payée sans autres difficultés que quelques observations verbales qui n'ont pas été écoutées : mais, attendu que cette perception me paraît illégale, je prends la liberté de vous en informer; moins encore pour obtenir le remboursement de ce que je puis avoir payé de trop, qu'afin de vous mettre à même de prévenir le retour d'une fausse application des règlemens.

J'ai l'honneur d'être, etc.

Pour demander un entrepôt ou un débit de tabac.

A Monsieur, etc.

Monsieur le Directeur-Général,

N ...., veuve de ..., a l'honneur de vous prier de vouloir bien lui accorder un entrepôt *ou*, un débit de tabac.

Vingt années de services de feu son mari, décédé (*indiquer le grade du défunt.*), et l'insuffisance de ses moyens d'existence, tels sont, Monsieur le Directeur-Général, les titres sur lesquels elle fonde sa demande.

Puissent ces titres être assez forts pour lui mériter votre bienveillance.

Elle a l'honneur d'être, etc.

Au Directeur-Général des Eaux et Forêts, pour demander une permission de défrichement.

A Monsieur le Directeur-Général de l'Administration des Eaux et Forêts.

(*Nom, prénoms, etc.*)

Monsieur le Directeur-Général,

J'ai l'honneur de vous prier de m'autoriser à défricher, pour les rendre à la culture, deux cents hectares de bois que je possède dans la commune de . . . ., arrondissement de . . . ., département de . . . . .

La difficulté des transports rendant l'exploitation desdits bois fort peu avantageuse, et le genre de culture auquel je destine ce terrain devant être non-seulement plus productif pour moi, mais encore plus utile pour les habitans du pays; j'ose espérer, Monsieur le Directeur-Général, que ma demande n'éprouvera aucune difficulté.

J'ai l'honneur d'être, etc.

*Pour obtenir délai pour l'exploitation d'une
coupe de bois.*

A Monsieur, etc.

(*Nom, prénoms, etc.*)

Monsieur le Directeur-Général,

Aux termes du cahier des charges de la vente
des bois de . . . ., je suis engagé à terminer la
coupe de la portion de cette vente qui m'a été
adjugée, du . . . . au . . . ., mais le manque
d'ouvriers, *ou*, l'état défavorable de la saison me
mettant dans l'impossibilité absolue d'exécuter
cette convention, j'ai l'honneur de vous prier
de vouloir bien m'accorder un délai de . . . .,
qui, je l'espère, me sera plus que suffisant
pour mon exploitation.

Je compte assez sur votre équité, Monsieur
le Directeur-Général, pour croire que vous ne
voudrez pas me rendre responsable d'une circonstance qui ne provient pas de ma faute, et
dont je suis la première victime.

J'ai l'honneur, etc.

*Pour demander une faveur en matière de délit
forestier.*

· A Monsieur, etc.

(*Nom, etc.*)

Monsieur le Directeur-Général,

M'étant, le . . . . . dernier, rendu coupable
du délit de . . . ., dans la forêt royale de...,
le tribunal de. . . . . ., vient de rendre contre
moi un jugement en date du . . . ., par lequel
je suis condamné à ... et à une amende de ...;
ensemble, au paiement de la somme de . . . .,
à titre de restitution, et aux frais, montant à
celle de . . . .

Cette condamnation excédant de beaucoup
mes facultés pécuniaires, j'ai l'honneur de vous
prier, Monsieur le Directeur-Général, de vouloir bien m'accorder la remise de l'amende et
des frais.

Je sais que les lois en matière de délits fores-
tiers sont positives : mais je vous prie de vouloir
bien considérer, qu'en commettant celui dont je
me suis rendu coupable, j'étais loin d'en sentir
toute la conséquence ; que je suis un père de
famille peu fortuné, et que je n'avais jamais
donné lieu à la moindre poursuite contre moi
avant cette circonstance.

Plein de confiance dans votre équité et votre indulgence, j'ai l'honneur d'être,

Monsieur le Directeur-Général, etc.

Pour demander une place.

A Monsieur, etc.

Monsieur le Directeur-Général,

G....., natif de ....., canton de ...., département de ....; âgé de trente-six ans, ancien brigadier au ... régiment de dragons, d'où il a été réformé le ..... dernier, comme ayant atteint le temps de service fixé par les lois ; a l'honneur de solliciter de vos bontés la place de garde à cheval dans la forêt royale de ......

Muni des certificats les plus honorables, sur sa moralité et sa bravoure ; doué des connaissances nécessaires, et d'une santé robuste, malgré les cicatrices honorables dont son corps est couvert ; il se flatte, Monsieur le Directeur-Général, de réunir tous les titres à votre confiance.

Il a l'honneur d'être avec respect, etc.

Pour un employé qui demande sa retraite.

A Monsieur, etc.

Monsieur le Directeur-Général,

P.... (*indiquer après les noms*, **la date et**

le lieu de la naissance, l'entrée au service, le grade actuel et le domicile) ; a l'honneur de vous exposer : qu'ayant atteint sa soixantième année d'âge et sa quarantième année de service, il désire jouir de la pension à laquelle les règlemens lui donnent droit.

Les pièces ci-jointes vous prouveront, Monsieur le Directeur-Général, la légitimité de sa demande, et lui mériteront, il l'espère, votre bienveillance.

Il a l'honneur d'être avec respect, etc.

Nota. Cette pétition doit être sur papier timbré, ainsi que la plupart de celles que l'on adresse à la direction des eaux et forêts ; et accompagnée de l'acte de naissance, d'un certificat de domicile, d'un certificat de la trésorerie constatant qu'il n'a pas déjà une pension, ou, dans ce cas, la quotité, afin qu'elle soit confondue avec celle de retraite ; de l'original de la commission, d'un état authentique de services, etc. Si la demande est motivée sur l'incapacité de service provenant de blessures reçues au service des eaux et forêts, cette circonstance doit être dûment constatée.

Les veuves doivent joindre à la plupart des pièces ci-dessus, leur acte de naissance, leur contrat de mariage, l'extrait mortuaire de leur mari, etc.

Au Directeur de l'Enregistrement et des Do-
maines, pour lui demander la remise du double
droit de succession.

A Monsieur le Directeur-Général de l'Enregistrement, des Domaines et du Timbre.

Monsieur le Directeur-Général,

Les soussignés, héritiers de . . ., leur père,
décédé le . . ., ont l'honneur de vous exposer :

Que, par suite de leur ignorance des règlemens sur l'enregistrement, *ou*, par suite
de la négligence de . . . . ; la déclaration d'ouverture de ladite succession n'ayant été présentée à cette formalité que le . . . ., le receveur de l'enregistrement de . . . . . a exigé en
sus du droit de . . . ., auquel était assujéti cet
acte, un double droit motivé sur l'omission de
se présenter dans le délai des six mois de la
mort du défunt.

Cette succession se réduisant déjà à fort peu de
chose, en raison des charges dont elle est grevée,
et du grand-nombre de co-héritiers, parmi lesquels se trouvent des mineurs ; les soussignés
osent espérer, Monsieur le Directeur-Général,
que vous voudrez bien, prenant en considération leur non-culpabilité dans cette circonstance, leur faire la remise du double droit
qui leur est demandé.

En attendant cette faveur de votre équité, ils ont l'honneur d'être,

Monsieur le Directeur-Général, etc.

Pour réclamer une succession dont le gouvernement s'est emparé.

A Monsieur, etc.

Monsieur le Directeur-Général,

Le sieur . . . . étant décédé le . . . , dans la commune de. . . . , arrondissement de. . . . , département de . . . , sans qu'il se soit présenté personne pour recueillir sa succession, consistante en . . . . . ; le gouvernement en a été mis en possession le . . . , à titre de déshérence.

Instruit de cette circonstance par la voix publique, et allié au défunt par . . . . ; je viens en cette qualité, et comme seul et unique parent dudit défunt au degré successif ; faire valoir auprès de vous mes droits, et vous prier, Monsieur le Directeur-Général, de vouloir bien me faire faire la remise des biens et objets divers composant la succession du sieur . . . .

Les titres ci-joints ne vous laisseront, je pense, aucun doute sur ma qualité d'héritier ; et j'ose espérer, Monsieur, que vous ferez droit à ma légitime réclamation. .

J'ai l'honneur d'être,

Monsieur le Directeur-Général, etc.

Pour obtenir un délai pour le paiement d'une somme due aux domaines.

A Monsieur, etc.

Monsieur le Directeur-Général,

Redevable envers l'administration des domaines, de la somme de . . ., montant de . . .; je suis poursuivi à outrance par M. . . . . . pour le paiement de ladite somme, que des malheurs imprévus me mettent pour le moment dans l'impossibilité d'acquitter.

Les poursuites dirigées contre moi ne tendant qu'à consommer ma ruine, par les frais énormes qu'elles occasionent ; j'ai l'honneur de vous prier, Monsieur le Directeur-Général, de vouloir bien les faire cesser, et m'accorder, avec la remise desdits frais, un délai de . . . ., pour le paiement du principal.

J'ai l'honneur d'être, en attendant cette faveur,

Monsieur le Directeur-Général, etc.

Pour demander la remise d'un droit de timbre.

A Monsieur, etc.

Monsieur le Directeur-Général,

Auteur d'un projet dont j'ai l'honneur de vous adresser ci-joint le programme, je désirerais lui donner, par tous les moyens possibles, la plus grande publicité.

Les droits du timbre augmentant d'une manière très-onéreuse les frais d'affiches et de prospectus, je prends la liberté de vous prier, Monsieur le Directeur-Général, de vouloir bien, en faveur de l'extrême utilité de mon projet, affranchir de la formalité du timbre tous les imprimés que je serai dans le cas de répandre à ce sujet.

J'attends cette faveur de votre amour éclairé pour les arts , *ou* , pour le bien public ,

Et suis avec une haute considération, etc.

Nota. Les pétitions adressées à cette administration doivent, pour la plupart, être timbrées , à moins qu'elles ne concernent que des objets de peu d'importance et étrangers à la partie administrative.

Au Directeur des Ponts et Chaussées, pour demander qu'il soit fait estimation d'un terrain destiné au passage d'une route ou d'un canal.

A Monsieur le Conseiller-d'Etat, Directeur-Général des Ponts et Chaussées et des Mines.

(*Nom, prénoms, etc.*)

Monsieur le Directeur–Général,

Une maison que je possède à . . . . . . , faisant partie de l'emplacement désigné par l'adminis-

tration des ponts et chaussées pour la construction de . . . . . . ; j'attendais de jour en jour que
l'on fît l'estimation de cette propriété, pour,
aux termes de la Charte, m'indemniser du sacrifice que je suis forcé d'en faire ; lorsque, le . .
de ce mois, j'ai reçu de . . . . . . l'avis d'évacuer
les lieux pour le . . . . prochain.

Cette manière d'agir étant tout-à-fait contraire à la lettre et à l'esprit de la loi, qui veut
que nul ne puisse être dépouillé de sa propriété
sans indemnité préalable ; j'ai l'honneur de vous
prier, Monsieur le Directeur-Général, de vouloir bien faire faire, par qui de droit, l'estimation de cette propriété, afin que l'intention de
la loi soit remplie à mon égard.

Cette mesure est trop conforme aux principes
d'équité qui vous distinguent, pour souffrir des
difficultés,

Et je suis en attendant,

Monsieur le Directeur-Général, etc.

Nota. On peut adresser pétition à ce fonctionnaire pour se plaindre d'un agent de l'administration ; demander un emploi dans les
ponts et chaussées, l'admission d'un enfant à
l'école des mineurs ; enfin pour tout ce qui concerne le service des ponts et chaussées et des
mines, ainsi que l'approvisionnement de Paris
en combustibles.

Au Directeur des Postes, pour lui demander un bureau de poste.

A Monsieur le Conseiller-d'Etat Directeur de l'Administration Générale des Postes.

(*Nom, prénoms, etc.*)

Monsieur le Directeur-Général,

L'âge avancé et la mauvaise santé de madame . . ., directrice de la poste aux lettres de . . . rendant la vacance prochaine de ce bureau très-probable, je prends la liberté de vous prier, Monsieur le Directeur-Général, de vouloir bien m'en accorder la survivance.

Veuve d'un homme distingué par ses vertus et par ses services dans la place de . . . . ; mère de famille sans fortune; tels sont, Monsieur le Directeur-Général, les titres que j'offre à votre bienveillance. J'y joindrais, au besoin, celle dont m'honorent MM. . . . ., et surtout le zèle que j'apporterais dans l'exercice des fonctions que vous voudriez bien me confier.

J'ai l'honneur d'être ,

Monsieur le Directeur-Général ,
Votre très-humble , etc.

Pour réclamer un paquet égaré.

A Monsieur, etc.

Monsieur le Directeur-Général,

Le ... du mois de .... dernier, je jetai à la boîte aux lettres de ...... un paquet sous enveloppe adressé à M...., à ...., et renfermant des papiers importans.

Soit que l'adresse eût été mal mise, ce dont je ne puis positivement répondre ; soit que ledit paquet eût été égaré ; il n'était pas remis le ... dernier, ce qui m'obligea à me présenter le .. du même mois au bureau des réclamations, où toutes les recherches furent vaines.

Ledit paquet, qui a été jeté dans la boîte par moi-même, n'ayant pu se perdre à moins d'une négligence inconcevable de la part des employés de la poste, chose que l'on ne peut supposer ; je vous prie instamment, Monsieur le Directeur-Général, de vouloir bien faire faire de nouvelles recherches dans vos bureaux, afin que ce paquet me soit rendu ou parvienne à son adresse.

J'ai l'honneur, etc.

Pour se plaindre d'irrégularités dans le service.

A Monsieur, etc.

Monsieur le Directeur-Général,

Le service des postes se fait avec une si grande

régularité depuis que vous êtes à la tête de cette administration, que chacun doit se faire un devoir de vous faire connaître la moindre irrégularité qui, contre vos intentions, pourrait s'y glisser.

Je prends en conséquence la liberté de vous prévenir, que la distribution des lettres se fait avec peu de soins dans le bureau de . . . . ; et que notamment, un paquet fort important, venant de . . . . , et arrivé avant-hier, comme le constate le timbre du bureau, ne m'a été remis que ce matin à . . . . .

Je ne vous cite que ce fait parmi beaucoup d'autres semblables, persuadé qu'il suffira, pour vous engager à prendre les mesures nécessaires pour prévenir le retour des abus dont je me plains.

J'ai l'honneur, etc.

Pour un conducteur qui demande une gratification.

A Monsieur, etc.

Monsieur le Directeur-Général,

P. . . . . L. . . . . , courrier de la malle-poste de . . . . , a l'honneur de vous exposer : que le . . . . . , à . . . . . . heures du soir, les chevaux qui conduisaient cette malle ayant pris le mors aux dents sur la route de . . . . à . . . . , versèrent la voiture dans un fossé près de ce dernier endroit.

Des deux voyageurs qu'elle renfermait, aucun, heureusement, ne fut blessé; mais l'exposant reçut à la tête une blessure profonde pour laquelle il est au lit depuis trois semaines.

Père d'une famille nombreuse qu'il nourrit de son travail, il vous supplie, Monsieur le Directeur-Général, de vouloir bien lui accorder une gratification qui le dédommage un peu des frais que lui occasione son accident.

Il a l'honneur d'être avec respect, etc.

Aux Administrateurs de la Loterie, pour se plaindre d'un buraliste.

A Messieurs les Administrateurs de la Loterie royale.

Messieurs ,

J'ai l'honneur de vous prévenir que le . . . . de ce mois j'ai fait chez le sieur. . . . , receveur du bureau de loterie n° . . . , situé rue . . . . . , une mise de . . . . sur les numéros . . . . , et pour le tirage de . . . . . , ainsi qu'il résulte du billet ci-joint, qui m'a été délivré par son commis.

Trois desdits numéros étant sortis de la roue, je me suis présenté ce matin pour réclamer la somme de. . . . , montant du gain qu'ils m'ont produit, mais vérification faite du registre à souche du sieur......, j'ai reconnu, à mon grand étonnement, que les numéros de ma mise ont été totalement changés sur le talon, avec lequel mon billet se rapporte du reste parfaitement.

Il résulterait de ce fait, que le commis qui a fait ma mise en aurait retenu le montant; mais comme tout buraliste doit être responsable des actes de ses agens, j'ai l'honneur de vous prier, Messieurs, de vouloir bien me faire payer mon lot, dont je ne puis être frustré.

J'ai l'honneur d'être,

Messieurs les Administrateurs,
Votre obéissant serviteur.

Aux Administrateurs du Mont-de-Piété, pour réclamer des effets volés et se plaindre d'un commissionnaire.

Messieurs,

Le... du mois dernier, la nommée ....., employée chez moi en qualité de servante; me déroba, entre autres effets, six couverts d'argent à filet, marqués...; une montre d'homme en or, de Lépine, et divers menus bijoux.

Lesdits effets ont été, comme je l'ai su depuis, portés par elle chez le sieur ...., commissionnaire au Mont-de-Piété, rue...; qui,

au mépris des règlemens , a prêté la somme
de . . . . ., sans s'assurer d'où provenaient ces
effets.

La reconnaissance. ayant été vendue deux
jours après à un individu que ladite . . . . . n'a
pu désigner, j'ai l'honneur de vous prier,
Messieurs ,

De vouloir bien me faire restituer les objets
engagés, sauf votre recours contre le sieur . . . ,
qui ne devait pas les recevoir ;

En second lieu , de donner les ordres nécessaires pour que la reconnaissance.soit retenue
lorsqu'elle sera présentée dans vos bureaux.
De mon côté , je suis prêt à vous fournir toutes
les preuves que vous pourrez exiger de l'exactitude des faits énoncés ci-dessus.

J'ai l'honneur. d'être ,

      Messieurs les Administrateurs,

        Votre obéissant serviteur.

Pour réclamer un excédant sur la vente d'objets
non retirés.

A Messieurs , etc.

Messieurs ,

Le . . . . . . de l'année . . . . . , j'engageai au
bureau de . . . . les objets suivans . . . . . ., sur
lesquels on me prêta la somme de . . . . . ., et

qui, n'ayant pu être retirés en temps utile,
furent vendus le.., pour celle de....

N'ayant pu me présenter pour réclamer le
boni, qui se monte à..., déduction faite des
intérêts et frais, que le..., par suite de....;
ma réclamation a été repoussée, sous prétext
que j'avais laissé passer le délai voulu.

La légitimité du motif de mon retard me
fait espérer, Messieurs les Administrateurs,
que vous n'aggraverez pas la perte que j'ai faite
d'objets auxquels j'attachais le plus grand
prix, en refusant de me faire rembourser l'ex—
cédant du produit de la vente sur la somme
qui m'a été prêtée.

J'ai l'honneur d'être,

Messieurs, etc.

Pour se plaindre d'un commissionnaire ou d'un
employé.

Messieurs,

J'ai l'honneur de vous informer que le sieur
....., commissionnaire au Mont-de-Piété,
rue....., et ses commis, non-seulement se
plaisent à faire attendre le public, sans motifs,
dans leurs bureaux, mais encore se permettent
parfois des plaisanteries fort dép'acées.

Le malheureux, for·é d'emprunter sur ses
effets souvent les plus indispensables; de quoi sub·

sister, a déjà assez à souffrir sans que les agens que sa misère fait vivre se permettent d'y ajouter l'insulte.

Je crois devoir en conséquence, Messieurs, vous signaler la conduite répréhensible du sieur . . . . ., dont j'ai personnellement à me plaindre, persuadé que vous voudrez bien le rendre plus circonspect à l'avenir.

J'ai l'honneur d'être,

      Messieurs les Administrateurs, etc.

Aux Administrateurs des Hospices, pour demander à être admis dans un hospice d'incurables.

A Messieurs les Administrateurs-Généraux des Hôpitaux et Hospices de Paris.

Messieurs,

P. . . . ., demeurant à Paris, rue . . ., âgé de soixante-dix ans, veuf et sans enfans, a l'honneur de vous exposer : que, paralytique et presque aveugle, il n'a d'autre moyen d'existence qu'une pension de 250 francs, comme ancien serviteur de feu M. . . . . .; et que, sans la charité de quelques voisins qui veulent bien l'assister, il se verrait exposé chaque jour à mourir sans secours.

Ne pouvant néanmoins avec de si faibles moyens se procurer le strict nécessaire, il a l'honneur de vous prier, Messieurs les Administrateurs, de vouloir bien lui accorder un lit à l'hospice de . . . . .

En attendant cette faveur qu'il espère de votre humanité, il a l'honneur d'être,

Messieurs les Administrateurs,

Votre très-humble et obéissant serviteur.

Pour réclamer un enfant déposé dans un hospice.

A Messieurs, etc.

Messieurs,

Le . . . . de l'année . . . . , je fus contrainte, par des circonstances que je me dispenserai de vous énumérer, de déposer à l'hospice de . . . , un enfant du sexe féminin dont j'étais accouchée secrètement le . . . précédent ; enveloppé dans des langes de . . . . . , marqués des lettres . . . . , et auxquels était attaché un petit billet portant que l'enfant se nommait . . . . ; que sa mère, forcée de s'en séparer momentanément, le confiait aux soins de la Providence jusqu'au moment où elle pourrait avoir le bonheur d'avouer sa naissance.

Ce moment étant arrivé, je vous supplie, Messieurs, de vouloir bien me faire remettre, sans retard, cette enfant dont je m'avoue aujourd'hui la mère ; afin que je répare, par les plus tendres soins, l'espèce d'abandon où j'ai été contrainte de la laisser jusqu'ici.

J'ai l'honneur d'être,

Messieurs les Administrateurs, etc.

Pour obtenir un enfant d'un hospice à titre d'apprenti.

A Messieurs les Administrateurs de l'Hospice de . . . . .

Messieurs,

J'ai l'honneur de vous prier de m'accorder la permission de choisir parmi les enfans élevés dans l'hospice de . . . . . . , un jeune garçon de l'âge de . . . . . ou environ, pour lui apprendre l'état de . . . . , que j'exerce, *ou*, pour le faire élever comme s'il m'appartenait ; m'engageant dès à présent à me soumettre aux règlemens établis.

La bonne réputation dont je jouis dans mon état, et le motif de ma demande , me font espérer, Messieurs, qu'elle n'éprouvera aucune difficulté.

J'ai l'honneur d'être,

Messieurs les Administrateurs , etc.

CHAPITRE IX.

PÉTITIONS A DES AUTORITÉS MILITAIRES,
ECCLÉSIASTIQUES OU CIVILES, ET A TOUTES
PERSONNES TITRÉES.

Tout particulier peut adresser pétition à une autorité militaire pour porter une plainte ou une réclamation quelconque : un militaire qui a quelque faveur à solliciter s'adresse d'abord à ses chefs immédiats avant de recourir au ministre de la guerre.

On s'adresse aux autorités ecclésiastiques pour toutes demandes et réclamations relatives aux matières ecclésiastiques, et qui n'ont pas besoin d'être portées directement devant le ministre des cultes.

On est fréquemment dans le cas de recourir aux préfets pour demandes en réduction de contributions, pour obtenir le permis de port d'armes sur le territoire de plusieurs communes ; pour se plaindre d'un sous-préfet ou d'un maire ; demander l'autorisation de plaider contre une commune, l'autorisation d'établir une manufacture dangereuse ou incommode ; pour réclamations à faire contre les administrations des domaines, des eaux et forêts ; pour réclamations mal accueillies par les autorités inférieures, etc., etc. Les pétitions doivent être généralement sur papier timbré, et déposées directement au secrétariat de la préfecture, ou dans les bureaux du sous-préfet, qui se charge de les faire parvenir, ou enfin adressées franco par la poste.

Chaque préfet a la police de son département ; à Paris, ces attributions appartiennent spécialement à un fonctionnaire particulier, désigné sous le nom de préfet de police.

On s'adresse aux maires, aux commissaires et officiers de police pour toutes les affaires administratives d'un intérêt mineur, ou pour celles qui concernent la salubrité ou la sûreté publique.

Enfin on est dans le cas d'adresser pétition à tout homme titré ou en place, pour quelque motif que ce soit.

A un Commandant de Division militaire, pour demander une faveur quelconque ou présenter une réclamation.

A Monsieur le Lieutenant-Général *Marquis*, *Comte* ou *Baron* de . . . . . . , commandant la . . . . division militaire à . . . .

Monsieur le . . . . .

(*Voir, pour le corps de la pétition, l'un des modèles renfermés dans ce Recueil.*)

A un Commandant de Place, pour se plaindre de dégâts commis par des militaires.

A Monsieur le Commandant de la Place de . . .

Monsieur le Commandant,

J'ai l'honneur de vous informer que le . . . . de ce mois, des militaires, au nombre de . . . , ayant sauté par dessus la clôture d'un jardin que je possède à . . . ; en ont dévasté les arbres fruitiers, et se sont enfuis avec ce qu'ils ont pu emporter, au moment où ils se sont vus dé-couverts.

L'éloignement où j'étais ne m'a pas permis de distinguer le bouton du régiment auquel ces militaires appartiennent; mais l'arme qu'ils ont laissée dans leur fuite, et que je vous adresse avec la présente, pourra vous mettre sur la trace des coupables.

La conduite de ces militaires est trop opposée à l'excellente discipline des troupes p'acées sous votre commandement, pour que je ne me hâte pas de vous la faire connaître.

J'ai l'honneur d'être,

Monsieur le Commandant, etc.

Pour se plaindre de voies de fait ou d'insultes.

A Monsieur, etc.

Monsieur le Commandant,

Le . . . de ce mois, à . . . heures du soir, je passais dans la rue de . . ., lorsque je fus frappé par des cris confus partant d'une boutique de la maison nº . . . . . de cette même rue. Après avoir percé la foule rassemblée devant cette maison, je vis trois militaires complètement ivres, tenant à la gorge un homme âgé et son épouse, pour les contraindre à leur donner de l'eau-de-vie, et menaçant de leur sabre quiconque oserait les approcher.

N'écoutant que mon indignation, je me jetai au milieu d'eux et leur représentai que le Roi leur donnait des armes pour servir leur patrie, protéger leurs concitoyens, et non pour en faire un moyen de violence. Ayant alors quitté leur victimes pour se jeter sur moi, ils me frappèrent de plusieurs coups de sabre sur la tête, et s'enfuirent après avoir blessé quelques autres personnes.

L'un de ces forcenés appartient au régiment de . . . . . .; mais ignorant celui des autres, je prends le parti de m'adresser à vous, Monsieur le Commandant, persuadé que, dans l'intérêt même des corps que ces militaires déshonorent, vous ne négligerez aucun moyen de découvrir les coupables, pour en faire une punition exemplaire. Les lois militaires, si sévères envers le soldat qui se rend coupable de la moindre voie de fait envers son caporal, ne pourront pas se montrer plus indulgentes pour le militaire qui se permet de frapper sans motif un citoyen paisible et sans armes.

J'ai l'honneur d'être,

Monsieur le Commandant, etc.

Nota. Les pétitions de ce genre doivent être adressées aux chefs respectifs lorsque l'on sait à quel corps appartiennent les délinquans; si-non, ou en cas de refus de justice, aux commandans d'armes, et enfin aux commandans de subdivisions ou divisions militaires.

D'un soldat à son Colonel, pour obtenir de l'avancement.

A Monsieur le Comte de . . . ., Colonel du . . . régiment de . . . .

P. . . . . L. . . . ., soldat de la 3ᵉ compagnie, 2ᵉ bataillon, né à . . . ., département de . . . ., le . . . . .

Mon Colonel,

La mort de mon respectable père, décédé le . . . ., me fait un devoir de venir au secours d'une mère âgée et infirme qui n'a plus que moi pour soutien.

Hors d'état de prendre sur ma modique paie de soldat de quoi subvenir à ses premiers besoins, j'ose vous prier, mon Colonel, de vouloir bien m'accorder de l'avancement.

Mon Colonel, il n'est pas un soldat du régiment qui ne vous considère comme un second père ; j'ai moi-même été plusieurs fois l'objet de votre bienveillance particulière : j'ose espérer que, dans cette circonstance, vous voudrez bien m'en donner une nouvelle marque.

J'ai l'honneur d'être avec respect, etc.

Pour obtenir la permission de se marier.

A Monsieur, etc.

(*Nom, grades, etc., du militaire.*)

Mon colonel,

Un mariage projeté depuis long-temps entre Mademoiselle . . . . . , fille de . . . . . , et moi, ne devait avoir lieu qu'à l'expiration de mon temps de service.

Mais l'état de dépérissement de la santé de mon père nous faisant craindre qu'il ne soit plus à temps de bénir cette union si elle est différée trop long-temps, j'ai l'honneur de vous prier, mon Colonel, de vouloir bien m'obtenir de Son Excellence le ministre de la guerre, l'autorisation nécessaire à mon mariage.

Cette faveur mettra le comble aux bontés dont vous m'avez déjà honoré, et sera, s'il se peut, un nouveau motif pour moi de redoubler de zèle et d'assiduité dans mon service.

J'ai l'honneur d'être avec respect,

Mon Colonel, etc.

Au Conseil d'Administration d'un corps, pour réclamer les effets d'un militaire décédé.

A Messieurs les Membres du Conseil d'Administration du ... régiment de ....

Messieurs ,

P. . . . L. . . . , notre frère (*désigner après les nom et prénoms, le grade, le n° du bataillon et de la compagnie*), est décédé le . . . dernier à l'hôpital militaire de . . . . , ainsi qu'il résulte de l'extrait mortuaire qui nous a **été** adressé le . . . . suivant.

Le défunt devait avoir entre autres effets, quelques objets auxquels nous tenons **moins** pour leur valeur réelle que comme lui **ayant** appartenu, et notamment . . . . . ; ainsi qu'une somme d'argent dont nous ne pouvons connaître l'importance.

Aucun de ces objets ne nous ayant été rendu, nous avons l'honneur de vous prier, Messieurs, de vouloir bien les faire mettre à notre disposition.

Nous avons l'honneur, etc.

Nota. On peut aussi s'adresser aux conseils d'administration des corps pour avoir des nouvelles d'un militaire, ou des renseignemens sur son compte, etc., etc. ; pourvu que l'on indique bien clairement ses nom, prénoms, grade, le n° du bataillon et de la compagnie.

*A un Maréchal de France, pour lui demander
une faveur quelconque.*

A Son Excellence Monseigneur le Duc de . . .,
Maréchal de France, *ou*, le Maréchal Duc
de . . . . . .

Monseigneur,

P. . . . L. . ., né à . . ., département de . . .,
ancien grenadier au régiment de . . . . ., dont
vous étiez colonel, et réformé le . . . dernier par
suite de . . . ., a l'honneur de prier Votre Excellence de vouloir bien lui accorder la place
de concierge de votre château de. . . . . .
Blessé en même temps que Votre Excellence
à la bataille de . . . . . ., où elle conduisait en
personne ses grenadiers ; marié depuis dix-huit
mois, et près de devenir père de son second
enfant, tels sont, Monseigneur, les principaux
titres qu'il offre à la bienveillance de Votre Excellence. Il y joindrait, au besoin, vingt années
de campagnes sous vos ordres, plusieurs blessures, et les témoignages les plus honorables
sur sa conduite militaire et privée.
Il a l'honneur d'être avec respect,
Monseigneur, etc.

A un Pair de France, pour réclamer sa protection.

A Sa Seigneurie Monsieur le *Duc*, *Comte* ou *Marquis* de . . . ., Pair de France.

Monsieur le Duc,

Porteur d'une lettre de recommandation de . . . ., qui veut bien m'honorer d'une bienveillance toute particulière, j'ai eu l'honneur de me présenter trois fois à votre hôtel, dont la porte m'a été constamment refusée.

Désespérant de pouvoir être admis auprès de Votre Seigneurie pour lui faire moi-même la remise de cette lettre, je prends la liberté de la lui adresser sous ce pli, ainsi qu'un mémoire que je supplie Votre Seigneurie de vouloir bien avoir la bonté d'apostiller.

Les expressions de la lettre de . . . . . sont si pressantes, et en même temps si obligeantes pour moi, que je craindrais de les affaiblir en y ajoutant un seul mot. Je me permettrai seulement, Monsieur le Duc, de vous assurer que ma reconnaissance sera sans bornes, si Votre Seigneurie daigne m'accorder son auguste protection.

J'ai l'honneur d'être avec une profonde vénération, *ou*, avec respect, Monsieur le Duc,

De Votre Seigneurie,

Le très-humble et très-obéissant serviteur.

*Au Grand-Référendaire de la Chambre des Pairs,
pour le prier de soumettre à la chambre un
mémoire ou un objet quelconque.*

A Sa Seigneurie Monsieur le Grand-Référendaire, *ou*, Monsieur le Marquis de . . . . ,
Grand – Référendaire de la Chambre des
Pairs, au Palais de la Chambre.

(*Nom*, *etc.*)

     Monsieur le Marquis,

Désirant avoir l'honneur de faire parvenir
avec recommandation à la chambre des pairs,
le placet, l'ouvrage *ou* le travail ci-joint, je
prends la liberté de vous prier, Monsieur le
Marquis, de vouloir bien le placer vous-même
sous les yeux de Leurs Seigneuries, après en
avoir pris connaissance.

La légitimité de ma demande, *ou*, le but
qui m'a animé dans ce travail, *ou*, votre zèle
éclairé pour le bien public, etc., etc., me fait
espérer, Monsieur le Marquis, que Votre Seigneurie daignera dans cette circonstance m'accorder sa protection.

J'ai l'honneur d'être,

          Monsieur, etc.

*Au Président de la Chambre des Députés, pour
le même objet.*

A Monsieur le Président de la Chambre des
Députés des Départemens, au Palais de la
Chambre *ou* à l'Hôtel de la Présidence.

Monsieur le Président, etc.

*A un Cardinal, pour lui demander sa protection
auprès du Pape.*

A Son Eminence Monseigneur de . . . . . , Cardinal de la sainte Eglise romaine, *ou*, le
Cardinal de . . . . .

Monseigneur,

Les bontés dont Votre Eminence a comblé
ma famille, et la juste considération dont elle
jouit à la cour de Rome , m'enhardissent
à supplier Votre Eminence de vouloir bien
m'accorder sa protection auprès de notre saint
père le Pape, à l'effet de me faire obtenir de
Sa Sainteté . . . .
. . . .

Si Votre Eminence daigne s'intéresser à cette
affaire, le succès n'en pourra être douteux un
seul instant; et il sera infiniment flatteur pour
moi de le devoir à la puissante intercession de

Votre Eminence, *ou*, d'un prélat non moins distingué par ses lumières que par ses vertus.

J'ai l'honneur d'être avec le plus profond respect,

Monseigneur,

De Votre Eminence, etc.

A un Archevêque, pour réclamer sa protection.

A Sa Grandeur Monseigneur de . . . . , Archevêque de . . . .

Monseigneur,

Un pauvre cultivateur, fermier du domaine de . . . . . , appartenant à monsieur le comte de . . . . . . , dont les dernières récoltes ont été entièrement ravagées par le terrible ouragan du . . . . . , ayant vainement sollicité un délai de . . . . pour le paiement de son fermage, se voit aujourd'hui sur le point d'être poursuivi avec la dernière rigueur.

Dans cette fâcheuse position, il a recours à Votre Grandeur, qui, témoin du dernier désastre, s'est empressée à en secourir les victimes avec tant de générosité ; et la supplie de vouloir bien intercéder pour lui auprès de monsieur le comte, pour en obtenir la faveur qu'il sollicite.

Il attend, Monseigneur, ce bienfait de votre humanité et des bontés particulières dont vous

honorez les habitans de la commune de . . . . ,
qui vous regardent avec raison comme un père,
Et a l'honneur d'être avec le plus profond
respect,

Monseigneur,
De Votre Grandeur,
Le très-humble et très-obéissant serviteur.

Pour demander une place pour un ecclésiastique.

A Sa Grandeur, etc.

Monseigneur,

Fermier de votre domaine de . . . . . . , et
honoré plus d'une fois de vos bontés, j'ai l'honneur de supplier Votre Grandeur de vouloir bien
nommer M. . . . , mon frère, vicaire de . . . . ,
à la cure de . . . , vacante par la mort de M. . .

En lui accordant cette faveur, vous com-
blerez, Monseigneur, les vœux de toute la paroisse, qui porte unanimement les yeux sur lui ;
et ce nouveau bienfait ajouterait, s'il était possible, aux sentimens de reconnaissance et de
vénération, avec lesquels j'ai l'honneur d'être,
Monseigneur,
De Votre Grandeur, etc.

A un Evêque, pour se plaindre d'un curé.

A Sa Grandeur Monseigneur de . . . . , Evêque
du diocèse de . . . . .

Monseigneur,

J'ai l'honneur d'exposer à Votre Grandeur :
que le sieur . . . . , curé de la paroisse de . . . ,
abusant de la sainteté du tribunal de la confession, se permet de troubler la paix des
familles et de corrompre les mœurs de la jeunesse par le scandale de sa conduite privée.

Le . . . . du mois de . . . dernier, après avoir
entendu la confession de ma nièce, jeune personne de dix-sept ans, il l'attira chez lui sous
le prétexte de . . . . , et là se permit de lui faire
des propositions qui furent repoussées avec
toute l'horreur qu'elles devaient inspirer, mais
qui laissèrent dans son âme un profond désir de
vengeance.

Le . . . suivant, à l'occasion des fêtes de . . . ,
mon épouse s'étant présentée au saint tribunal,
il lui déclara que j'étais un homme infâme,
parce que je ne venais jamais à confesse ; et
qu'il ne lui donnerait pas l'absolution tant
qu'elle ne jurerait pas de me fuir comme un
athée et un excommunié : ce fut alors seulement que j'appris en même temps sa conduite
coupable envers ma nièce.

De semblables actions de la part d'un ministre des autels, sont trop scandaleuses pour rester impunies ; je prends en conséquence la liberté de vous les signaler, afin que Votre Grandeur prenne, à l'égard de ce prêtre indigne d'un titre qu'il déshonore, telle mesure qu'il lui semblera convenable dans l'intérêt de notre sainte religion outragée par sa conduite.

J'ai l'honneur d'être avec le plus profond respect,

Monseigneur,
De Votre Grandeur, etc.

Pour demander la conservation d'un curé.

A Sa Grandeur, etc.

Monseigneur,

Le soussigné maire du village de....., a l'honneur d'exposer à Votre Grandeur, au nom de ses administrés : que la mesure par laquelle Votre Grandeur a jugé à propos de remplacer leur vénérable pasteur M. .... par M....., plonge toutes les familles dans le deuil et l'affliction.

Pendant dix-huit ans que M..... exerça le saint ministère dans cette paroisse, d'abord comme vicaire, ensuite comme curé, il se montra constamment le père des pauvres, le consolateur des affligés ; il sut maintenir l'union et l'harmonie dans toutes les familles ; et malheureusement le caractère connu de son successeur paraît peu propre à faire oublier sa perte.

Veuillez donc, Monseigneur, n'être pas sourd à la voix de toute une commune dont les habitans vous conjurent, par l'organe de leur maire, de rendre un pasteur à son troupeau, un père à ses enfans ; et ce bienfait les comblera de la plus vive reconnaissance.

Le soussigné, en son particulier, a l'honneur d'être,

Monseigneur, etc.

Pour demander l'admission d'un enfant dans un petit séminaire.

A Sa Grandeur, etc.

Monseigneur,

Père de quatre enfans, dont le plus jeune montre un goût décidé pour les études ecclésiastiques, mais ruiné par des malheurs qui ne me laissent aucun moyen de pourvoir aux frais de son éducation, je supplie Votre Grandeur de daigner lui accorder une place gratuite dans le petit séminaire de . . . .

Cette insigne faveur me comblera, ainsi que toute ma famille, de la reconnaissance la plus vive ; et Votre Grandeur, indépendamment du plaisir d'avoir fait des heureux, goûterait peut-

être un jour la satisfaction d'avoir donné à l'E-
glise un sujet distingué.

Plein d'espoir dans les bontés de Votre
Grandeur,

J'ai l'honneur, etc.

A un Curé, pour réclamer des secours.

Monsieur le Curé,

Quoique demeurant depuis peu de temps
dans votre paroisse je ne puisse être connu de
vous, je sais que vous êtes le père de tous les
malheureux, et, à ce titre, je prends la liberté
de réclamer votre bienveillance.

Retenu depuis quatre mois dans mon lit par
suite de . . . . ., et privé de tous autres moyens
d'existence que mon travail, j'ai consumé le
fruit de mes économies et jusqu'à mes dernières
ressources, sans pouvoir recouvrer la santé.

Mon dénûment est tel aujourd'hui, qu'il ne
me reste d'autre perspective que la mort la plus
affreuse si vous ne daignez venir à mon secours.

Veuillez donc, Monsieur le Curé, être assez
bon pour m'apporter les consolations spirituelles
dont j'ai le plus grand besoin, et me rendre
aujourd'hui, selon la parole de l'Evangile,
ce que j'ai si souvent prêté moi-même aux malheureux dans un autre temps.

J'ai l'honneur, etc.

A un Ambassadeur, pour le prier de placer un objet quelconque sous les yeux d'un souverain étranger.

A Son Excellence Monseigneur le Comte . . . ,
  Ambassadeur de France près la Cour de . . .

Monseigneur,

Le zèle avec lequel Votre Excellence défend auprès de la cour de . . . les intérêts de tous les sujets de Sa Majesté Très-Chrétienne, me fait prendre la liberté de vous adresser le mémoire ci-joint; vous priant, Monseigneur, de vouloir bien avoir la bonté de le placer vous-même avec recommandation sous les yeux de Sa Majesté le Roi ou l'Empereur de . . . .

J'ose espérer que Votre Excellence reconnaîtra elle-même la justice de ma réclamation, et qu'à ce titre elle daignera l'appuyer de tout son crédit.

J'ai l'honneur d'être avec une haute considération,

Monseigneur,
De Votre Excellence,
Le très-humble, etc.

Pour demander des renseignemens sur le compte d'une personne dont on n'a pas de nouvelles.

A Son Exc., etc.

Monseigneur,

P..... L....., mon fils partit le ... de l'année dernière, avec l'autorisation du gouvernement, pour aller porter à ..... ses connaissances dans ......, genre d'industrie inconnu dans ce pays, et n'a donné aucune nouvelle depuis qu'il a quitté les frontières.

Craignant qu'il n'ait été victime du changement de climat, ou des troubles qui désolent quelques-unes des provinces qu'il a dû traverser; je prends la liberté de vous supplier, Monseigneur, de vouloir bien faire prendre des renseignemens positifs sur ce fils, dont le silence me cause une inquiétude facile à concevoir.

J'attends avec impatience le résultat des démarches de Votre Excellence,

Et suis avec respect,

Monseigneur, etc.

Pour lui demander des renseignemens sur un objet d'utilité publique.

A S. Exc., etc.

Monseigneur,

Jaloux de concourir autant qu'il est en moi

à la prospérité de l'industrie française, par les soins que j'apporte au perfectionnement de la fabrication de . . . . . ., exploitée avec tant de succès dans le pays de votre résidence, et que j'ai le premier introduit en France ; je prends la liberté de supplier Votre Excellence de vouloir bien faire recueillir sur les lieux quelques renseignemens qui me manquent.

Je désirerais notamment (*indiquer les renseignemens dont on a besoin.*)

Si Votre Excellence daignait joindre à ces renseignemens l'envoi de . . . . ., que je n'ai pu me procurer directement, elle mettrait le comble à ma reconnaissance, et je lui ferais passer les fonds nécessaires par telle voie qu'elle voudrait bien m'indiquer.

J'ose me flatter que Votre Excellence daignera excuser la liberté de ma démarche en raison du motif qui me l'a dictée,

Et suis avec un profond respect,

Monseigneur, etc.

Nota. Toutes les lettres et paquets destinés aux ambassadeurs de France près les cours étrangères, peuvent être adressés directement par la poste, après avoir été affranchis ; mais il est plus sûr de les déposer, sous enveloppe, dans les bureaux du ministère des affaires étrangères.

A un Préfet, pour demander l'autorisation de plaider contre une commune.

A Monsieur le Comte, le Baron . . . . . , Préfet du département de . . . . . .

Monsieur le Préfet,

Depuis long-temps il existe entre la commune de . . . . et moi une contestation fondée sur . . . . .

Ce différend paraissant devoir être interminable, attendu le peu de disposition que montrent monsieur le maire et les membres du conseil municipal, pour un accommodement amiable ; j'ai l'honneur de vous prier, Monsieur le Préfet, de vouloir bien m'autoriser à faire citer les administrateurs de la commune de . . . . . devant le tribunal de première instance de . . . , afin de terminer cette affaire, puisque je ne puis en venir à bout autrement.

J'attends de votre justice cette autorisation,
Et suis avec respect,

Monsieur le Préfet,
Votre très-obéissant serviteur.

Pour réclamer le paiement de travaux faits pour le compte de l'administration départementale.

A Monsieur, etc.

(*Nom, etc.*)

Monsieur le Préfet,

En vertu de l'adjudication au rabais qui me fut faite le . . ., des travaux à entreprendre pour . . . ., j'ai exécuté lesdits travaux en me conformant en tous points aux clauses du cahier des charges ; et j'ai remis, le . . . dernier, entre les mains de M. . . ., un mémoire montant à la somme de . . . . . ., dont je devais, selon une clause expresse de ce même cahier des charges, être payé le . . . . fixe.

Cependant, depuis cette époque, j'attends vainement mon paiement, et ne puis même connaître la cause d'un retard aussi extraordinaire.

Je prends en conséquence, Monsieur le Préfet, le parti de recourir à votre autorité, et vous prie de vouloir bien considérer qu'ayant avancé une portion importante de ma fortune dans ces travaux, elle se trouve gravement compromise par le non-remboursement de mes avances.

J'attends de votre équité, Monsieur le Préfet, la prompte conclusion de cette affaire,

Et suis avec respect,

Votre, etc.

Pour le même objet.

A Monsieur le, etc.

(*Nom, prénoms, etc.*)

Monsieur le Préfet,

Un père de famille peu fortuné a recours à votre autorité pour obtenir le paiement de la somme de . . ., montant des travaux, *ou*, des fournitures de . . . . ., qu'il a exécutés par vos ordres dans . . . .

Depuis un an que je devais avoir touché le dernier solde de compte, je n'ai encore reçu qu'un faible à-compte de . . . .; et la privation du surplus m'est d'autant plus pénible, qu'il est dû en grande partie à des fournisseurs et ouvriers, qui, ne pouvant croire que je n'ai pas été payé moi-même, menacent de me poursuivre avec la dernière rigueur.

Veuillez donc, Monsieur le Préfet, prendre en considération la position embarrassante où je me trouve, et me faire payer d'une somme si légitimement due.

J'ai l'honneur d'être,

Monsieur le Préfet, etc.

Pour se plaindre d'un maire.

A Monsieur le, etc.

Monsieur le Préfet,
Le . . . de ce mois, jour de la fête de . . .,

des ouvriers étant occupés à faire dans l'intérieur de ma propriété des travaux, de . . . . . . ,
commencés depuis plusieurs jours, monsieur le
maire me fit signifier, à neuf heures du matin,
par son garde champêtre, l'ordre de suspendre
ces travaux en raison de la solennité du jour.

Je fis réponse à monsieur le maire par écrit,
et lui représentai que la fête n'étant pas reconnue publiquement en France, je ne voyais
aucun motif d'interrompre des travaux qui ne
pouvaient d'ailleurs souffrir de retard. Cependant, par déférence pour cet ordre, je fis pousser
la porte charretière de ma cour par où se faisait le service, et ordonnai à mes ouvriers de
faire le moins de bruit possible.

Une heure au plus après ce message, monsieur le maire, accompagné de deux gendarmes
et du même garde champêtre, ouvrit ma porte
de sa propre autorité, chassa mes ouvriers en
les menaçant de les faire mettre en prison ; et
se disposait à sortir sans m'avoir seulement fait
demander, lorsque je me présentai à lui et le
requis de dresser aussitôt procès-verbal de mon
prétendu délit, ce qu'il refusa positivement.

La conduite de monsieur le maire dans cette
circonstance, étant d'autant plus illégale qu'il
a sans motif violé mon domicile, et qu'encore
une fois rien ne pouvait m'empêcher de faire
travailler chez moi ce jour-là, même ostensi-

blement ; j'ai l'honneur de vous prier, Monsieur le Préfet, de vouloir bien inviter ce fonctionnaire à ne pas dénaturer de sa propre autorité, le sens et la lettre des lois qu'il est chargé de faire exécuter.

J'ai l'honneur d'être,

Monsieur le Préfet, etc.

Pour demander la permission de former un établissement dangereux ou incommode.

A Monsieur le , etc.

Monsieur le Préfet,

Désirant établir dans un emplacement situé à . . . . , commune de . . . . , une manufacture de . . . . , dont l'autorisation est laissée à votre prudence ; j'ai l'honneur de vous adresser ci-joint un aperçu des opérations projetées de cette fabrique, et des constructions que je me propose d'élever ; vous priant, Monsieur le Préfet, de m'accorder la permission nécessaire, après avoir rempli les formalités voulues par la loi.

J'ai l'honneur d'être,

Monsieur le Préfet, etc.

Pour le même objet.

A Monsieur, etc.

Monsieur le Préfet,

Le . . . du mois de . . ., d'après la demande que je vous avais adressée le . . . précédent, à l'effet d'obtenir votre autorisation pour l'établissement d'une manufacture de . ., procès-verbal *de commodo et incommodo* a été dressé, et il résulte, tant du rapport des commissaires que de la délibération du conseil municipal, qui vous ont été transmis par le sous-préfet de . . ., que rien ne s'oppose, sous aucun rapport, à la formation de cet établissement.

En conséquence, j'ai l'honneur, Monsieur le Préfet, de vous réitérer ma demande ; et j'attends de votre justice et de la protection que vous avez toujours accordée à l'industrie et aux arts, une décision favorable.

J'ai l'honneur, etc.

Pour alignement d'un bâtiment sur la grande route.

A Monsieur, etc.

Monsieur le Préfet,

Voulant faire bâtir sur un terrain à moi appartenant, situé sur la grande route de . . ., j'ai requis l'ingénieur du département de tracer l'alignement des bâtimens projetés : il l'a fait, et m'en a délivré un plan, auquel je me suis exactement conformé.

Aujourd'hui cet ingénieur veut me forcer à démolir une partie de mes constructions, sous le prétexte que j'ai anticipé sur la voie publique, ce qui est matériellement faux.

Comme il n'est pas juste que je sois responsable des fautes de monsieur l'ingénieur s'il en a commis quelqu'une dans son alignement, j'ai l'honneur de vous prier, Monsieur le Préfet, de vouloir bien faire vérifier, d'après celui qui m'a été assigné, celui que j'ai observé ; afin que je puisse jouir de ma propriété sans trouble.

J'ai l'honneur, etc.

Pour demande en réduction d'impôt.

A Monsieur, etc.

Monsieur le Préfet,

N...., propriétaire d'une maison sise à ..., rue..., n°...., a l'honneur de vous exposer : que cette maison, bien que vacante depuis un an, a été imposée cette année à la somme de ...., comme l'année dernière.

Cette propriété ne lui ayant donné aucun revenu pendant cet intervalle, il a l'honneur de vous prier, Monsieur le Préfet, de vouloir

bien lui accorder une réduction d'impôt proportionnée à cette perte.

Il a l'honneur, etc.

Pour le même objet.

A Monsieur, etc.

Monsieur le Préfet,

N..., cultivateur à...., etc., a l'honneur
de vous exposer : que la plus grande partie de sa
récolte a été détruite par l'orage du.....,
ainsi que l'attestent les certificats ci-joints.

Il vous supplie en conséquence, **Monsieur le
Préfet**, de lui accorder la remise de sa **contribution foncière**, afin de lui faciliter **les
moyens de réparer son désastre.**

Il attend cette faveur de votre équité, et a
l'honneur d'être avec respect,

Monsieur le Préfet, etc.

Pour le même objet.

A Monsieur, etc.

Monsieur le Préfet,

N....., propriétaire d'une maison sise...,
a l'honneur de vous exposer qu'il vient d'être
taxé à la somme de..., pour sa contribution
foncière de l'an....

Cette taxe n'ayant pu être basée que sur une

évaluation exagérée du revenu de cette propriété, qui n'est réellement que de . . . . ; il a l'honneur de vous prier, Monsieur le Préfet, de vouloir bien ordonner que cette erreur soit rectifiée, et lui faire tenir compte de ce que, d'après cette taxe, il a payé de trop sur les douzièmes échus.

Il a l'honneur, etc.

Pour le même objet.

A Monsieur, etc.

Monsieur le Préfet,

M. . . . . . ., locataire d'un appartement de la maison sise . . . ., a l'honneur de vous exposer qu'il vient d'être taxé, pour sa cote mobilière et personnelle de l'exercice courant, à la somme de . . . .

Cette taxe étant basée sur une location de . ., tandis que celle qu'il paie n'est réellement que de . . . . ., ainsi que le prouvent ses quittances de loyer; il vous prie, Monsieur le Préfet, de vouloir bien faire rétablir sa taxe à son taux naturel.

Il a l'honneur, etc.

A M. le Préfet de Police, pour lui demander une place.

A Monsieur le Conseiller-d'Etat, Préfet de Police.

(*Nom, prénoms, etc.*)

Monsieur le Préfet,

Jaloux d'offrir au Roi, *ou*, à l'Etat le tribut de mes services, j'ai l'honneur de vous prier, sous la recommandation de . . . . . ., dont je joins ici la lettre, de vouloir bien m'accorder la place de . . . , ou tel autre emploi analogue que vous jugerez à propos.

En sollicitant cette faveur, je sens trop que je ne puis faire valoir d'autres titres personnels que le zèle et le dévouement par lesquels je me propose de la mériter.

Mais si quarante années de bons et loyaux services rendus par M. . . . . ., mon. . . . . ., dans l'administration de . . . . . ., peuvent suppléer à ceux qui me manquent ; si la bienveillance particulière dont m'honorent MM. . . . . . peut me donner des titres à la vôtre ; j'ose espérer, Monsieur le Préfet, que vous daignerez acceuillir ma demande avec bonté.

J'ai l'honneur, etc.

Pour réclamer un individu déposé à la préfecture.

A Monsieur, etc.

Monsieur le Préfet,

N. . . . ., mon ami, s'étant imprudemment mêlé d'une rixe qui a eu lieu hier soir à . . . ., dans l'espoir de l'apaiser, a été arrêté et déposé aujourd'hui à la préfecture de police avec plusieurs autres individus.

N'ayant été instruit de cet événement qu'à l'instant même, et bien persuadé que M. . . . . . n'a pu se rendre complice d'aucun délit ; j'ai l'honneur de vous prier, Monsieur le Préfet, **de** vouloir bien me faire remettre ce jeune homme dont je réponds personnellement, m'engageant d'ailleurs à le représenter toutes fois et quantes il sera nécessaire, si vous le jugez à propos.

J'ose espérer, Monsieur le Préfet, que la considération dont je jouis dans mon quartier vous permettra de m'accorder cette faveur dont je vous serai infiniment reconnaissant.

J'ai l'honneur, etc.

Pour un marchand de bois qui a encouru l'amende
faute d'approvisionnemens.

A Monsieur. etc.

Monsieur le Préfet,

L'extrême sécheresse de la saison rendant impossible l'arrivage des bois de la rivière de

. . . ., la plupart des marchands de l'île Louviers , mes confrères , sont à la veille de manquer de bois.

Les fournitures de . . . . . et de . . . . . , dont j'ai été chargé l'hiver dernier, ayant presque entièrement épuisé mes approvisionnemens ; et ne pouvant les renouveler malgré les achats considérables que j'ai faits , je me vois forcé à laisser , malgré les ordonnances , ma place à peu près dégarnie pendant l'hiver dans lequel nous allons entrer.

J'ai l'honneur de vous adresser, Monsieur le Préfet, l'état détaillé des quantités de bois que j'ai sur les ports de la susdite rivière , où ils se trouvent retenus par les basses eaux ; je joins à l'appui le certificat authentique du bureau de la compagnie dont je fais partie.

D'après l'authenticité de ces pièces et la notoriété des faits énoncés , j'ose espérer, Monsieur le Préfet , que vous ne me rendrez pas doublement victime d'une circonstance qui lèse déjà si fortement mes intérêts , en appliquant à mon égard les dispositions pénales de la sentence du 8 avril 1740 (1).

J'ai l'honneur d'être ,

Monsieur le Préfet , etc.

______

(1) Ces peines sont cent francs d'amende et la privation de l'emplacement accordé.

*Pour obtenir la permission d'établir un chantier
ou autre établissement.*

A Monsieur, etc.

Monsieur le Préfet,

Conformément à la loi du . . . . . , j'ai l'honneur de vous prier de vouloir bien m'autoriser à établir (*désigner l'endroit*) un chantier de bois à brûler, *ou autre établissement.*

L'utilité dont cet établissement sera pour le quartier où je me propose de le former, les attestations honorables que je puis fournir sur mon compte, et la protection que vous vous plaisez à accorder au commerce, me sont de sûrs garans, Monsieur le Préfet, que vous ne rejetterez pas ma demande.

J'ai l'honneur, etc.

Pour demander une place de facteur ou factrice.

A Monsieur, etc.

Monsieur le Préfet,

Sous les auspices de . . . . . , qui veut bien m'honorer d'une protection toute particulière, ainsi que le prouve la lettre ci-jointe, j'ai l'honneur de vous prier de vouloir bien m'accorder une place de facteur, *ou*, factrice à la nouvelle halle qui va s'établir à . . . .

Je sens, Monsieur le Préfet, toute l'importance de la faveur que je sollicite de vos bontés; mais mon titre de père, *ou*, mère d'une famille nombreuse, les attestations honorables que je joins à ma demande, et surtout la protection de M. . . . ., tout me fait espérer que vous voudrez bien m'être favorable.

J'attends votre décision avec l'impatience la plus vive, mais avec confiance, et suis avec un profond respect,

Monsieur le Préfet, etc.

Nota. Il y a auprès de chacun des marchés de Paris un certain nombre de facteurs ou de factrices chargés de la vente en gros. Ces places, qui sont très-lucratives, sont assujéties à un fort cautionnement, et sont une sorte de propriété qui se vend extrêmement cher : en sorte que, lorsque l'on veut obtenir une de ces charges, il faut d'abord convenir du prix avec le titulaire, et ensuite se faire nommer par le préfet de police, ce qui n'est pas toujours facile. On ne peut obtenir une place gratuite que lorsqu'il s'en crée de nouvelles, ou quand par hasard il vient à en vaquer quelqu'une ; dans l'un comme dans l'autre cas, il faut être extraordinairement protégé.

A un Commissaire de Police, pour faire ouvrir la porte et enlever le cadavre d'une personne suicidée.

A Monsieur le Commissaire de Police du quartier de . . . . .

Monsieur,

J'ai l'honneur de vous prévenir qu'à l'instant même je viens d'entendre du côté d'une chambre occupée par M. . . . . . ., une détonation semblable à celle d'un coup de pistolet, et le bruit que ferait en tombant un corps lourd.

J'ai couru aussitôt à la porte de cette chambre, que j'ai trouvée fermée en dedans, et la fumée qui sort par la fenêtre ne laisse aucun doute que Monsieur . . . . . ne se soit suicidé.

Veuillez donc, Monsieur, faire ouvrir de suite la porte, afin de donner à ce malheureux quelques secours, s'il en est encore temps, ou faire enlever son cadavre s'il n'y a plus d'espoir.

Vous obligerez, Monsieur,

Votre dévoué serviteur.

Pour se plaindre d'un voisin incommode.

Monsieur,

Le sieur . . . . , chaudronnier, *ou*, musicien de profession, et locataire d'une boutique, *ou*, d'un appartement de la maison que je possède rue . . . . . , n° . . . , trouble le repos de tous ses voisins en se livrant aux travaux de son état pendant la plus grande partie de la nuit.

Ne pouvant lui donner congé, attendu que je lui ai loué par bail de trois années, j'ai l'honneur de vous prier, Monsieur le Commissaire, de l'inviter à cesser ses occupations pendant les heures consacrées au repos ; afin de me dispenser, s'il est possible, de recourir à la voie des tribunaux pour l'y contraindre.

J'ai l'honneur d'être,

Monsieur, etc.

Pour faire expulser des femmes de mauvaise vie.

Monsieur,

Trompé par de faux renseignemens, je louai verbalement aux demoiselles . . . . . . un appartement de ma maison, dont elles ont pris possession le 15 de ce mois.

Dès le lendemain je m'aperçus que lesdites demoiselles, qui s'étaient annoncées comme . . . . . ., n'étaient autre chose que des filles publiques ; et depuis lors elles ont déjà donné lieu à plusieurs scènes scandaleuses au point que ma femme et mes filles n'osent plus sortir de leur appartement.

Je vous prie en conséquence, Monsieur, de

vouloir bien employer l'autorité que la loi vous donne, pour expulser dans le plus bref délai dites demoiselles.

Vous obligerez, Monsieur,

Votre dévoué serviteur.

Pour porter plainte contre un animal dangereux.

Monsieur,

Le sieur ......, demeurant ....., a un énorme chien de basse-cour qui, au lieu d'être constamment à la chaîne comme le bon ordre l'exigerait; erre dans le quartier la plus grande partie de la journée, et a non-seulement renversé et blessé plusieurs personnes en courant dans la rue, mais encore mordu plus ou moins grièvement quelques enfans, notamment un des miens sur lequel il s'est jeté ce matin.

Le sieur ...... ne tenant aucun compte des représentations qu'on lui fait à cet égard, j'ai l'honneur de vous prier, Monsieur; d'employer votre autorité pour le contraindre à tenir renfermé un animal qui compromet à chaque instant la sûreté publique.

J'ai l'honneur, etc.

Nota. On peut encore écrire aux commissaires de police pour une infinité d'objets imprévus, et intéressant la tranquillité, la salubrité ou la sûreté publique. Dans les communes qui n'ont pas de commissaire, ses attributions sont dévolues au maire.

A un Maire, pour demander à jouir du droit de domicile.

A Monsieur le Maire de la Commune de . . . .

Monsieur le Maire,

J'ai l'honneur de vous exposer : qu'étant venu fixer ma résidence dans cette commune le . . . . dernier, un an et plus s'est écoulé sans que je me sois absenté un seul jour.

En conséquence, et en vertu de l'acte constitutionnel du 22 frimaire an 8, je demande à être admis au nombre des habitans domiciliés de cette commune, et à jouir des mêmes droits qu'eux.

J'ai l'honneur d'être,

Monsieur le Maire,

Votre dévoué serviteur.

Pour demander un alignement.

Monsieur le Maire,

Je suis dans l'intention de bâtir une maison sur le bord d'un terrain à moi appartenant, situé rue . . . . .

Je vous prie en conséquence de vouloir bien

faire faire l'inspection des lieux par qui de droit, afin que je suive dans cette construction l'alignement qui me sera donné.

J'attends de votre obligeance une prompte décision, et suis avec considération,

Monsieur le Maire, etc.

Pour se plaindre d'un garde champêtre.

Monsieur le Maire,

Le sieur . . . . ., garde champêtre de cette commune, au lieu d'exercer la surveillance que ses fonctions lui imposent, passe les journées dans les cabarets ou dans la petite maison qu'il possède à . . . . ; et se repose pendant les nuits, laissant ainsi nos propriétés à la merci des maraudeurs et des gardiens de bestiaux.

Plusieurs propriétaires ont déjà été victimes de sa négligence ; moi-même j'ai eu le désagrément de voir mon verger entièrement dévasté la nuit dernière, sans avoir pu trouver d'autres traces des voleurs, que des empreintes de pas assez nombreuses qui se perdent dans les champs.

C'est ce qui m'a engagé, Monsieur le Maire, à vous porter ma plainte, afin que vous avisiez au moyen de rendre le sieur . . . . . plus attentif, et que les habitans de la commune, qui paient les appointemens d'un garde champêtre, puissent au moins se reposer sur sa vigilance.

J'ai l'honneur d'être, etc.

Pour se plaindre d'une coalition d'ouvriers.

Monsieur le Maire,

N. . . . . ., fabricant de . . . . ., a l'honneur de vous exposer que depuis hier matin les ouvriers de sa fabrique, au nombre de . . . ., connaissant le besoin pressant qu'il a de leur travail, se sont coalisés pour exiger de lui une augmentation de salaire de . . . . ., qu'il est bien déterminé à ne pas leur accorder, parce qu'elle n'est pas juste.

Il réclame en conséquence votre autorité pour réprimer cet acte d'insubordination, qui paraît fomenté principalement par les nommés . . . .

Et à l'honneur d'être,

Monsieur le Maire,

Votre dévoué serviteur.

Pour obtenir une dispense pour la garde nationale.

Monsieur le Maire,

Domicilié dans cette commune depuis le . . ., je reçus pour la première fois, le . . . . de ce mois, un ordre de service pour aller monter la

garde au poste de . . . . , comme fusilier de la
. . . compagnie du . . . bataillon.

J'écrivis aussitôt à M. . . . . , sergent-major
de cette compagnie , pour l'informer que retenu chez moi depuis . . . . . par . . . . , j'étais
pour le moment hors d'état de faire mon service; et je joignis à ma lettre une attestation du
docteur . . . . , mon médecin.

Malgré cette démarche , je fus cité devant
le conseil de discipline , où je ne parus point ,
me contentant d'écrire de nouveau à M. . . . . ,
à qui j'envoyai un certificat authentique signé
des docteurs. . . . .

Cette seconde réclamation n'empêcha pas que
je fusse condamné à . . . . . : et enfin un nouveau jugement en date du . . . . m'ayant condamné à trois jours de prison; deux gendarmes,
venus ce matin pour m'arrêter, m'ont trouvé
réellement dans un tel état de souffrances,
qu'ils ont cru devoir me laisser.

Mais comme les vexations que j'éprouve dans
ce moment-ci peuvent se renouveler d'un jour
à l'autre ; j'ai l'honneur de vous prier, Monsieur le Maire , de me faire rayer des contrôles,
jusqu'à ce que le rétablissement de ma santé
me permette de remplir un service que je re-
garde bien moins comme un devoir que comme
l'un de mes droits de citoyen. Alors, je vous

prie de le croire, je n'aurai besoin ni de gendarmes, ni de conseil de discipline.

J'ai l'honneur d'être,

Monsieur le Maire, etc.

Nota. Il sera bon de joindre à cette lettre un
certificat de médecins dûment légalisé, timbré
et enregistré. Malgré cela, peut-être faudra-t-
il passer à la visite du chirurgien du bataillon.

CHAPITRE X.

MÉMOIRES, PLAINTES ET REQUÊTES, A PRÉSENTER AUX TRIBUNAUX ET AUX MEMBRES DE LA MAGISTRATURE.

Les parens qui veulent faire enfermer leur enfant pour cause d'inconduite ;

La femme qui, pour motif de sûreté personnelle, demande à se retirer provisoirement dans le sein de sa famille ; celle dont le mari ne peut, pour une cause quelconque, ou ne veut l'autoriser pour un acte nécessaire ;

Le détenu pour dettes qui demande à être élargi pour non-consignation d'alimens ;

Le mari ou la femme qui veulent faire prononcer la séparation, etc. , etc. , peuvent présenter requête au président du tribunal de première instance.

On s'adresse également au président et aux membres du tribunal civil, pour obtenir la rectification d'un acte de l'état civil , faire constater et déclarer l'absence d'un individu, etc. : les requêtes doivent être signées par un avoué. Il n'en est pas de même des plaintes.

On porte plainte au juge d'instruction près le tribunal correctionnel, au procureur du Roi près le même tribunal, au juge de paix du canton ou au maire de la commune du délinquant ; pour toutes voies de fait ,. insultes, atteintes à la propriété, et autres délits quelconques ; soit que l'on veuille en laisser la poursuite au ministère public , ou se rendre soi-même partie civile.

Les plaintes pour abus d'autorité ou déni de justice de la part d'un fonctionnaire, doivent être portées devant son supérieur ; ou devant le procureur du Roi si l'on veut employer à son égard les voies judiciaires.

C'est encore le procureur du Roi qui accorde les dispenses de publication de second ban à la municipalité , pour mariage.

Les requêtes doivent être présentées directement par les intéressés ou leurs fondés de pouvoirs , au président, qui met son ordonnance au bas.

Les plaintes et requêtes aux procureurs du Roi sont remises directement à ces magistrats ou déposées à leur parquet ou au greffe de leur tribunal. Les divers actes dont il est question doivent être écrits sur papier timbré.

Pour un père ou une mère qui veulent faire en-
fermer leur enfant.

A Monsieur le Président du tribunal de première instance de . . . .

Monsieur le Président.

N. . . . (*Noms et domicile*), a l'honneur de
vous exposer : qu'il, *ou*, elle a un fils, *ou*, une
fille de l'âge de . . . ., qui depuis long-temps se
livre au libertinage le plus effréné, à la débauche ; et s'est déjà, malgré son jeune âge,
rendu coupable de plusieurs escroqueries que
sa famille a été obligée de réparer :

Que non-seulement toutes les observations,
les menaces, les caresses n'ont pu le, *ou*, **la**
ramener à une meilleure conduite ; mais encore
que cet enfant dénaturé a failli plus d'une fois
se porter à des voies de fait envers l'auteur de
ses jours.

Pour quoi il a recours à votre autorité, à ce
qu'il vous plaise, Monsieur le Président, conformément aux articles 376 et 377 du Code
civil, ordonner que N. . . . ., son fils, *ou*, **sa**
fille, soit enfermé par forme de correction dans
telle maison et pour tel temps que vous jugerez
convenable. Et vous ferez justice.

(Signature.)

Nota. S'il s'agit d'une mère demandant à

faire enfermer son enfant, il faut, conformément à l'article 38r du Code , prendre préalablement l'avis des deux plus proches parens de
l'enfant.

Pour une femme en demande de séparation.

A Monsieur le Président du Tribunal de première instance de . . . .

  Monsieur le Président,

  N. . . . , épouse de . . . . , a l'honneur de vous
exposer : que depuis . . . . . , elle n'a cessé d'é-
prouver de la part du sieur . . . . . . , son mari ,
des injures , des brutalités , des mauvais traitemens de toute espèce : qu'il la laisse le plus
souvent manquer du strict nécessaire , tandis
que lui dissipe le bien de la communauté avec
des concubines et des compagnons de débauche ;
et que chaque jour rend la position de la plaignante plus insupportable :

  Que ce matin notamment elle aurait reçu de
la part de son mari plusieurs coups et blessures
graves , et aurait couru les plus grands dangers
pour sa vie , si plusieurs voisins ne fussent venus
la soustraire à la brutalité de sondit mari.

  Ce considéré, elle a recours à vous, Monsieur
le Président , à ce qu'il vous plaise l'autoriser à
se retirer chez le sieur N. . . . . , son père, et à
faire assigner provisoirement à trois jours ledit

sieur . . . ., son mari, à l'effet de se voir condamner à lui remettre les linges et hardes à son
usage, et à lui payer, par forme de provision
alimentaire, la somme de . . . : et au principal,
dans le délai de la loi, pour voir dire, qu'attendu l'exposé ci-dessus, elle restera séparée de
corps d'avec lui ; qu'il lui sera fait défense d'ha-
biter avec elle, ni de la fréquenter, sous telle
peine qu'il appartiendra ; en conséquence qu'il
sera procédé, à la requête de la plaignante, à
l'inventaire des biens de la communauté pour
être ensuite pris par elle tel parti qu'elle avisera.
Et vous ferez justice.

(Signature.)

Pour un détenu qui réclame sa liberté faute de
consignation.

A Monsieur, etc.

Monsieur le Président,

Expose le sieur . . . ., détenu pour dettes en
la maison d'arrêt de . . . . . ., à la requête du
sieur . . . : que ledit . . . . n'a point, ainsi que
le justifie le certificat ci-joint du directeur de
ladite maison, consigné d'avance pour le mois
prochain, les alimens prescrits par la loi.

Pourquoi ledit . . . requiert qu'il vous plaise,
conformément à ladite loi et à l'article 803 du
Code de procédure civile, prononcer son élar-

gissement, et ordonner au directeur de ladite maison de le mettre en liberté. Et vous ferez justice.

(Signature.)

Pour une femme qui demande une autorisation de son mari.

A Monsieur, etc.

Monsieur le Président,

La dame . . ., épouse de . . ., vous observe qu'une propriété située . . . . ; qui lui est échue par succession de . . . . ., étant d'un revenu presque nul, elle désire depuis long-temps la vendre pour en employer le prix en . . . ., qui lui offrirait beaucoup plus d'avantages : mais que le sieur son époux lui refuse obstinément son autorisation sous divers prétextes.

Comme ce refus n'est réellement motivé que sur ce que son mari voudrait employer dans ses spéculations particulières le capital à provenir de cette aliénation, ce à quoi elle ne veut pas consentir ; elle a recours à votre autorité, à ce qu'il vous plaise lui accorder l'autorisation d'accepter la somme de . . . ., qu'on lui offre pour cette propriété, et de faire emploi de cette somme en . . . . ; et vous ferez justice.

*Au Procureur du Roi, pour obtenir une dispense
de seconde publication de bans.*

A Monsieur le Procureur du Roi près le Tribunal de première instance de . . . .

Monsieur le Procureur du Roi,

N. . . . ., domicilié à . . . ., a l'honneur de
vous exposer qu'étant venu à . . . . pour contracter avec la demoiselle . . . ., demeurante
avec sa famille en cette ville, un mariage arrêté depuis peu, la première publication des
bans doit être affichée après-demain à la porte
de la municipalité.

Mais la formalité d'une seconde publication
ne pouvant avoir lieu avant le carême, temps
pendant lequel l'Eglise refuse la bénédiction
nuptiale, et les affaires du requérant souffrant
considérablement de son absence ; il requiert
qu'il vous plaise, Monsieur le Procureur du Roi,
user en sa faveur du droit que la loi vous accorde, de dispenser de la seconde publication
des bans dans les circonstances de la nature de
celle-ci ; il attend cette dispense de votre justice,

Et a l'honneur d'être votre obéissant serviteur.

Plainte pour voies de fait.

A Monsieur le Juge d'instruction , *ou* , le Procureur du Roi près le Tribunal de Police correctionnelle de . . . . .

Monsieur le . . . ,

M. . . . , domicilié à . . . , expose que , le . . , à huit heures du soir , lui M. . . . . , se retirant de . . . ; fut accosté à . . . . par deux hommes qui , après l'avoir injurié grossièrement , l'assaillirent et le frappèrent de plusieurs coups de bâton ; qu'ils auraient vraisemblablement continué leurs mauvais traitemens , si ses cris n'eussent attiré quelques passans.

Des menaces proférées plusieurs fois contre lui par le sieur . . . . , demeurant à . . . . , et le son de voix de ces deux hommes , dont il ne put d'ailleurs reconnaître la figure ; ne lui laissent aucun doute que les auteurs de ce guetapens ne soient ledit . . . . . et le sieur . . . . , son gendre , demeurant aussi à . . . . .

Pour quoi il vous requiert , Monsieur le . . . , faire constater le crime ; pour la poursuite et réparation duquel il déclare dès à présent se rendre partie civile , offrant d'affirmer les faits , qui sont d'ailleurs constatés par le procès-verbal de l'officier de santé. Il vous demande acte de la plainte et de la remise qu'il vous en fait ;

vous requiert d'agir conformément à la loi, et se réserve de conclure pour ses dommages et intérêts ; *ou*, conclut à ce qu'il lui soit alloué la somme de . . . . . . , à titre de dommages et intérêts ; et vous ferez justice.

Fait à . . . . . le . . . . .

(Signature du plaignant.)

Pour vol.

A Monsieur le , etc.

Expose le sieur . . . . . , demeurant à . . . . . , que dans la nuit du . . . au . . . de ce mois, un secrétaire placé dans son cabinet a été crocheté, une armoire de la salle à manger ouverte avec effraction, et qu'il lui a été soustrait une somme de . . . . , tant en billets qu'en espèces monnoyées, plus les objets suivans : (*donner l'énumération de ces objets et les marques auxquelles on peut les reconnaître.*)

La disparition subite du sieur . . . . . , employé chez le plaignant en qualité de . . . . , et (*tel objet*) trouvé dans la chambre abandonnée par ce domestique, font peser sur lui les plus graves soupçons.

Pour quoi requiert . . . . qu'il vous plaise lui donner acte de la plainte, et faire faire de suite les poursuites et diligences nécessaires à l'effet de découvrir le coupable, et retrouver les objets volés. Et vous ferez justice.

Pour vol sur la grande route.

A Monsieur le , etc.

N......, domicilié à ......, expose que ce jour, vers quatre heures du matin, voyageant en chaise de poste sur la route de ...., sa voiture aurait été arrêtée par deux hommes armés revêtus de blouses et affublés d'un grand chapeau rond rabattu sur les yeux, et lui auraient demandé la bourse ou la vie :

Que sur son geste de vouloir se défendre, l'un des deux assaillans aurait tiré sur lui un coup de pistolet dont la balle aurait percé le derrière de la voiture ; et qu'alors , pour éviter d'être assassiné, il aurait été contraint d'abandonner aux voleurs une montre en argent de ......, une bourse contenant ..... ; un sac de nuit et une valise, contenant outre une certaine quantité de linge de corps marqué des lettres..., les effets suivans..., et une somme de .... en espèces monnoyées : après quoi les voleurs se seraient enfuis en toute hâte du côté de .....

Pour quoi il vous dénonce le présent vol , sur lequel il ne peut vous donner des renseignemens plus précis ; afin que vous avisiez aux moyens d'en découvrir les auteurs.

Fait à ....., ce .....

Pour escroquerie.

A Monsieur le , etc.

Monsieur, le ....

L'apathie ou la trop grande indulgence des gens honnêtes, encourage un genre d'escroquerie qui cause journellement un tort considérable au commerce : une foule d'individus sans profession avouée, paraissent avoir formé une association, dont le but est d'exploiter à leur profit la trop grande confiance des commerçans de bonne foi; au moyen d'effets de commerce de leur façon dont ils inondent la place, et qui, quoique couverts de signatures , ne sont pas payés à leur échéance. Je viens , en mon particulier, d'être tout récemment victime de leur friponnerie.

Un sieur ....., demeurant ......, et qui se dit ....; se présenta chez moi le .... de l'année dernière, et me proposa de lui vendre pour ..... de ....., dont un tiers payable comptant, et le reste en son billet à deux mois. Les manières de cet individu , son extérieur, les renseignemens que je recueillis dans son quartier; étaient faits pour inspirer la plus grande confiance ; et le marché conclu, le billet fut exactement payé à son échéance.

Environ un mois après, le ...., ledit sieur

. . . . vint me prendre de nouveau pour . . . . ,
en me disant que je pouvais passer chez lui à
volonté pour recevoir le montant de ma livraison, ce que je fis en effet le . . . . suivant. Mais
alors, au lieu d'espèces que je comptais recevoir, il me proposa un billet à ordre de la
somme de . . . . , souscrit par un sieur . . . . . ,
se disant . . . . . , et revêtu successivement des
signatures . . . . La confiance qu'avait su
m'inspirer le sieur . . . . . . , et le nombre des
endos dont cet effet était couvert, me détermi-
nèrent à l'accepter sans trop de difficulté, et
ma sécurité fut augmentée par quelques renseignemens recueillis postérieurement sur le
compte des endosseurs.

Cependant ledit billet n'ayant pas été payé à
son échéance, je me présentai vainement chez
les divers endosseurs; et j'appris, à ma grande
surprise, que ces individus, et notamment . . . ,
après avoir mis en émission une masse considérable d'effets semblables au mien, avaient disparu sans que l'on pût découvrir leurs traces :
j'ai acquis depuis la certitude que . . . . habite,
sous le nom de . . . . . , qui n'est pas le sien,
une maison située . . . . .

Les faits ci-dessus constituant une véritable
escroquerie, j'ai l'honneur de vous les signaler,
afin que dans votre prudence vous preniez
contre . . . . . et contre . . . . . . , ses complices,

telles mesures que l'intérêt de la société exigera. Et vous ferez justice.

Fait à ..... le ......

Plainte en banqueroute frauduleuse.

A Monsieur le, etc.

Monsieur, le ....

Expose N....., que le sieur ....., après s'être procuré, à l'aide de sa signature, une grande quantité de marchandises de toute nature, qu'il a vendues à vil prix; a laissé protester tous ses effets, et quitté furtivement son domicile, emportant tous les objets qui pouvaient servir de gage à ses créanciers, ce qui, aux termes de la loi, constitue le délit de banqueroute frauduleuse.

Depuis sa disparition, il habite, sous le nom de ....., une maison située à ...., en sorte que sa personne, ses meubles et tout ce qu'il s'est acquis par ses friponneries, sont à l'abri des poursuites de ses créanciers.

Pourquoi l'exposant, comme créancier du sieur ....., pour une somme de ...., requiert à ce qu'il vous plaise aviser aux moyens d'atteindre ce coupable, qui, une fois placé sous la main de la justice, laisserait à ses dupes quelque espoir de rentrer dans une portion de leurs créances.

Et, en usant de votre autorité dans cette circonstance, vous ferez justice.

Fait à . . . ., ce . . . . .

Pour le même objet.

A Monsieur le , etc.

Expose L. . . . . . que le sieur . . . ., demeurant à . . . ., rue . . . ., etc., ayant cessé ses paiemens le . . ., et fait le dépôt de son bilan au greffe du tribunal de commerce de . . . . ; est disparu de son domicile , dans lequel il n'a été trouvé ni marchandises , ni meubles , ou autres objets de valeur ; que partie de ces objets ont été déposés chez . . . . . ., ainsi que l'attestent les déclarations de plusieurs personnes , entr'autres des sieurs . . . . . ., qui ont travaillé nuitamment à cet enlèvement.

Pour quoi l'exposant, créancier de . . . . pour une somme de . . . ., vous demande acte de la plainte et de la remise qu'il vous en fait, se réservant de se constituer partie civile ; requiert à ce qu'il vous plaise faire poursuivre ledit . . . comme coupable de banqueroute frauduleuse ; et vous ferez justice.

Fait à . . . ., ce . . . .

Pour se plaindre d'un fonctionnaire public.

A Monsieur le Procureur du Roi près la Cour
royale de . . . .

N. . . . vous expose que monsieur le conseiller
(*un tel*), *ou*, monsieur le . . . . (*un tel*),
chargé d'instruire dans l'affaire pendante entre
lui N...et le sieur..., se serait rendu coupable,
ainsi qu'il résulte des dépositions de plusieurs
témoins, et notamment de celle de . . . . . . ;
d'avoir reçu indûment dudit . . . . . , partie adverse de N.. .., à titre de présent (*désigner
les objets ou la somme.*)

Cet acte étant évidemment contraire à l'im-
partialité sévère qui doit guider le magistrat
dans l'exercice de ses fonctions, requiert N...
qu'il vous plaise recevoir sa plainte, à l'effet de
prendre, à l'égard du sieur . . . ., telle mesure
qu'il vous paraîtra sage et utile. Et vous ferez
justice.

Fait à, etc.

Nota. Les plaintes adressées aux procureurs
du Roi peuvent, comme on le voit par les modèles ci-dessus, être redigées quelquefois en
forme de pétition, surtout lorsqu'ils n'ont pour
objet que d'appeler l'attention du magistrat sur
un fait répréhensible, sans contenir de conclu-
sions.

L'essentiel dans tous les cas, est qu'elles indiquent bien clairement les noms, prénoms, qualités et domicile, tant du plaignant que de la partie contre laquelle la plainte est portée; avec l'exposé succinct des faits, et de toutes les circonstances et renseignemens qui peuvent fournir quelques lumières.

Requête à un Président du Tribunal de Commerce.

A Monsieur le Président du Tribunal de Commerce de ...., *ou*, à Monsieur le Juge de Paix du canton de ......

Monsieur le ....

P...., voiturier demeurant à ...., a l'honneur de vous exposer, que : conformément à la lettre de voiture ci-jointe, il a chargé le .... dernier chez M....., négociant à ....., douze collis contenant ......, pour, dans le délai de ..... les amener à M....., commerçant en cette ville.

Que lesdites marchandises étant arrivées dans le délai convenu, bien et dûment conditionnées, sauf ......, qui, ne provenant pas de mon fait, ne peut, aux termes de la loi, m'être imputé; ledit sieur ..... refuse de les recevoir, et de me payer le prix de ma voiture, sous le prétexte que ....

Pourquoi lui P.... vous demande, Monsieur le ..., qu'il vous plaise nommer des experts, pour, d'après leur rapport, être condamné le sieur ..... à prendre livraison desdites marchandises, et à payer à P..... le prix de sa voiture; sans préjudice des dommages et intérêts qui pourront lui être dus pour son séjour forcé à .....

Et vous ferez justice.

A un Juge de Paix.

Monsieur le Juge de Paix,

P....., marchand tailleur, *ou autre*, demeurant ...., a l'honneur de vous exposer:

Que M...., demeurant à ..., lui commanda ces jours derniers un ......, pour le prix de ....

Qu'aujourd'hui, sous le prétexte que ....., il refuse de recevoir ledit ...., à moins d'un rabais de .... sur le prix convenu.

Cette prétention ne reposant sur aucun motif légitime, P..... vous prie, Monsieur le Juge de Paix, de vouloir bien faire appeler devant vous les parties, au premier jour, afin de concilier cette affaire s'il y a lieu, sinon, employer les voies de droit.

Il a l'honneur d'être,

Monsieur le Juge de Paix, etc.

Nota. On peut écrire tout simplement cette requête en forme de lettre, sur papier ordinaire, et parlant à la première personne.

FIN.

TABLE

DES CHAPITRES.

Chapitre IV.

Chapitre V.

Chapitre VI.

Chapitre IX.

FIN DE LA TABLE.

9 782329 568492